Dieses zauberhafte Buch gehört:

KJB

© privat

Nelly Möhle liebte es als Kind, durch den riesigen Garten ihrer Großeltern zu streifen und sich Geschichten auszudenken. Zwischen Rosenranken und Tannenbäumen ließ sie ihrer Phantasie freien Lauf, und irgendwann begann sie, ihre Geschichten aufzuschreiben. *Der Zaubergarten* ist Nelly Möhles erste Kinderbuchserie und landete mit dem ersten Band direkt auf der »Dein SPIEGEL«-Bestsellerliste. Die Autorin lebt mit ihrer Familie, einem Hund und einer hundertjährigen Schildkröte in Offenburg.

© Klaus Renner

Eva Schöffmann-Davidov ist eine der renommiertesten Kinder- und Jugendbuchillustratorinnen Deutschlands. Nach ihrem Studium an der Fachhochschule für Gestaltung in Augsburg machte sie sich in der Kinder- und Jugendliteratur schnell einen Namen und gewann im Lauf ihrer Karriere zahlreiche Preise für ihre Gestaltungen. Als Fachhochschuldozentin gab sie ihr Wissen und ihre Erfahrung auch an junge Künstler weiter. Heute illustriert sie Kinderbuchserien und Jugendbücher unter anderem von Bestsellerautoren wie Kerstin Gier oder Tanya Stewner. Die Illustratorin lebt mit ihrer Familie in Augsburg.

Weitere Informationen zum Kinder- und Jugendbuchprogramm der S. Fischer Verlage finden Sie unter *www.fischerverlage.de*

Nelly Möhle

Der Zaubergarten

Freundschaft macht lustig

Mit Bildern von

Eva Schöffmann-Davidov

KJB

Alle Bände der Serie *Der Zaubergarten*:
Band 1: *Geheimnisse sind blau*
Band 2: *Abenteuer können fliegen*
Band 3: *Überraschungen haben Fell*
Band 4: *Freundschaft macht lustig*

Weitere Bände sind in Vorbereitung!

Aus Verantwortung für die Umwelt hat sich der Fischer Kinder- und Jugendbuch Verlag zu einer nachhaltigen Buchproduktion verpflichtet. Der bewusste Umgang mit unseren Ressourcen, der Schutz unseres Klimas und der Natur gehören zu unseren obersten Unternehmenszielen.

Gemeinsam mit unseren Partnern und Lieferanten setzen wir uns für eine klimaneutrale Buchproduktion ein, die den Erwerb von Klimazertifikaten zur Kompensation des CO_2-Ausstoßes einschließt.

Weitere Informationen finden Sie unter:
www.klimaneutralerverlag.de

MIX
Papier aus verantwortungsvollen Quellen
FSC® C083411
FSC www.fsc.org

Erschienen bei FISCHER KJB

Dieses Werk wurde vermittelt durch die
Michael Meller Literary Agency GmbH, München
Umschlaggestaltung: Eva Schöffmann-Davidov
unter Mitarbeit von Dahlhaus & Blommel Media Design, Vreden
Umschlagillustration: Eva Schöffmann-Davidov
Satz: Dörlemann Satz, Lemförde
Druck und Bindung: CPI books GmbH, Leck
Printed in Germany
ISBN 978-3-7373-4222-3

Für Marie, Lotti und Resi

Inhalt

Hallo! Ich bin Tilda. Und ich habe dir in letzter Zeit schon einige meiner unglaublichen Geschichten erzählt. Weil meine beste Freundin Anni und ich gerade ein Abenteuer nach dem anderen erleben. Das liegt an Herrn Bovist und seinem Hund Rupert. Die beiden leben in einem riesigen und wildwuchernden Garten. Dort züchten sie Blumen. Aber nicht irgendwelche Blumen, wie man sie bei *Blumen-Einstein* in unserer Stadt kaufen kann. Nein! Unser Freund züchtet Zauberblumen! Wenn man an ihren wunderschönen Blüten riecht, passieren die unglaublichsten Dinge.

Das Abenteuer, das ich euch nun erzählen möchte, ist uns wirklich genau so passiert. Echt und ungelogen!

Es geht los!

Dieses Mal muss ich mit dem Erzählen an einem Sonntag beginnen. Der erste Sonntag in den Sommerferien!

Mein Schulranzen lag schon unter dem Schrank. Mit Zeugnis drin. Und das sollte die nächsten sechs Wochen auch so bleiben.

An diesem Sonntagmorgen hörte ich es unten an der Haustür klingeln. Und dann brüllte Papa bis in mein Kinderzimmer hinauf: »Tiiilda-Schatz, Besuch für dich!«

Verwundert flitzte ich alle Treppenstufen runter bis ins Erdgeschoss. Im Flur stand ein braun gelockter Junge und starrte interessiert auf mein pinkes Nachthemd. Da sind lauter grinsende Schweine drauf.

»Ich gehe dann mal zurück in die Küche«, meinte Papa und verschwand.

»Hallo!«, sagte der Junge.

»Hallo!«, sagte ich.

»Ich soll dir diesen Brief geben«, sagte der Junge im blau-weiß gestreiften Ringelshirt leise und hielt mir einen dunkelgrünen Umschlag hin. »Von Konrad Bovist.«

Sofort wuselten tausend Ameisen in mir herum. »Was steht da drin?«, fragte ich aufgeregt.

»Du kannst hoffentlich schon lesen«, sagte der Junge und öffnete die Haustür.

»Natürlich kann ich lesen!«, rief ich empört.

Der Junge drehte sich draußen auf dem Fußweg noch mal um. »Weiß ich doch«, sagte er und lachte. »Bis später!« Schon war er um die nächste Ecke verschwunden.

Sofort riss ich den Umschlag auf. Und zog ein dünnes, fast durchsichtiges Papier heraus. Sehr, sehr vorsichtig faltete ich es auseinander. Da stand in schnörkeliger Schrift:

Liebe Matilda, liebe Annemarie!
Es ist so weit: An diesem Freitag versammeln sich alle Mitglieder des Kreises, um mit euch die Aufnahmeprüfung zu vollziehen.
Ihr beiden Mädchen habt schon einiges rund um die Zauberblumen gelernt.
Dennoch ist es nötig, dass ihr die offizielle

Prüfung des Kreises ablegt. Denn nur dann darf ich euch in das volle Geheimnis um die Zauberblumenzucht und um meinen Zaubergarten einweihen.
Aus diesem Grund beginnen heute, Sonntag, den 6. Juli, die Prüfungsvorbereitungen.
Ort: Anwesen Konrad Bovist
Beginn: 15 Uhr
Bitte erscheint pünktlich und vollzählig.
Herzliche Grüße
Euer Konrad Bovist

Ich flitzte zum Telefon. »Anni!«, raunte ich in den Hörer. »Du ahnst nicht, wer gerade einen Brief bei mir abgegeben hat! Lilian, der Enkel von Emilia Knöterich. Du weißt schon, die Zauberblumenzüchterin aus dem Kreis. Die mit dem khakigrünen Overall.«

»Sapperlot!«, sagte Anni.

»Frühstück!«, rief Papa und streckte seinen Kopf ins Wohnzimmer.

»Du musst mich um halb drei abholen«, wisperte ich in den Hörer. »Heute startet unsere Prüfungsvorbereitung!«

Meine Freundin Anni war an diesem Sonntagnachmittag sehr, sehr pünktlich. Ganz besonders aufgeregt hüpften wir die Scheffelstraße entlang in Richtung des riesigen Gartens von Oma und Opa.

»Ferien, Ferien, tralalalala!«, sang Anni, und ihre langen schwarzen Pantherhaare hüpften lustig im Takt. »Ferien, Ferien, oh, wie ist das Leben schöhöhön!«

»Und das Tollste ist«, ergänzte ich, »dass wir endlich, endlich unsere Aufnahmeprüfung für den Kreis machen! Und bald zum Zauberblumenclub gehören.«

Allein bei dem Gedanken wuselten viele, viele Glückskäfer durch meinen Bauch.

Inzwischen waren wir durch das seitliche Gartentor in den riesigen Garten meiner Großeltern geschlüpft und hüpften den mittleren Weg entlang zwischen den vielen Obstbäumen hindurch.

Da weder Oma noch Opa in Sicht waren, schnappten Anni und ich uns gleich mal die lange Holzleiter, die an einem knorrigen Apfelbaum lehnte, und schleppten sie bis zu unserem Geheimversteck. Das ist ein wunderhübsch grüner Schuppen direkt an der hohen Gartenmauer aus Natursteinen. An diese Mauer lehnten wir die Leiter und kletterten sie schnurstracks nach oben.

Eigentlich ist das ja streng verboten. Weil die Leute in der Nachbarschaft denken, dass Herr Bovist ein unheimlicher Spinner ist. Aber Anni und ich kennen die ganze Wahrheit um Herrn Bovist. Er ist nämlich unser Freund.

Nur wenig später standen wir im grünen Dschungel des Zaubergartens. Und durch den kämpften wir uns jetzt. Vorbei an riesigen Bäumen, Büschen und Farnen bis zur ersten Lichtung. Das Gewächshaus funkelte wie ein Diamant in der Sonne. Weiter durch das Tannenwäldchen und den Pfad entlang bis zur nächsten Lichtung. Doch was war das? Ein kleines, knallblaues Zelt stand mitten auf der Blumenwiese. Direkt vor Herrn Bovists Hexenhäuschen.

»Oha!«, machte Anni und riss ihre blauen Augen erstaunt auf. »Macht Herr Bovist Abenteuerurlaub im Zelt?«

Im selben Moment wurde ich durch ein kleines rosa-schwarz geflecktes Tier abgelenkt. Es flitzte aus der grünen Hexenhaustür heraus und direkt auf uns zu.

»Ein Schwein!«, rief ich erstaunt.

»Ein Schwein kommt selten allein!«, sagte Anni und zeigte auf Rupert, den größten Hund aller Zeiten. Der wetzte in großen Sprüngen hinter dem flinken Schweinchen her.

»Haltet Susi fest!«, rief Lilian, der als Letztes aus der Tür gesprintet kam.

Also schnappte ich mir die schnelle Susi, als sie gerade in das Tannenwäldchen eintauchen wollte. Sie zappelte und grunzte.

Jetzt stand Lilian vor uns. Anni starrte den Jungen an. Stimmt, die beiden hatten sich ja noch nie getroffen.

Also sagte ich: »Das ist Lilian. Er soll mit uns zusammen die Prüfung machen.«

Und weil jetzt Lilian Anni anstarrte, fuhr ich fort: »Und das ist Anni. Meine allerbeste Freundin Anni.«

Anni fragte: »Wieso musst du Zauberblumenunterricht bekommen? Wo deine Oma Emilia doch wohl Zauberblumengroßmeisterin ist? Da wirst du ja schon alles können!«

»Klar kann ich schon viel!«, antwortete Lilian, und seine grasgrünen Augen blitzten. »Ich gehöre einer uralten Zauberblumenfamilie an. Seit Generationen züchten wir schon!«

»Und Schweine züchtet ihr auch?«, fragte Anni.

»Leider nicht«, erklärte der Junge und nahm mir das Schwein ab. »Ich habe Susi gewonnen. Bei einer Landwirtschaftsmesse. Sie ist ein Minischwein. Und unglaublich schlau.«

»Huhuuu, Kinder!«, rief genau in dem Moment Herr Bovist. Er stand auf der Treppe und winkte. Sein Haar bauschte sich prächtig auf und leuchtete zuckerwattenweiß in der Sommersonne. »Schön, dass ihr da seid! Lilian und ich haben Kekse gebacken und Limonade kalt gestellt.«

Als ich kurz darauf den Bauch voller leckerster Kekse hatte, stellte ich die dringendste aller Fragen: »Starten wir jetzt mit unserer Prüfungsvorbereitung?«

»Sicher, sicher!«, sagte Herr Bovist lachend. »Lasst uns beginnen!«

Komischerweise wuselte der alte Mann dann aber hurtig in sein Schlafzimmer. Und kam mit einer kleinen Papiertüte zurück.

»Augen zu und Hände als Schale nach vorne strecken, bitte schön«, sagte Herr Bovist.

Ich hörte mit zusammengekniffenen Augen, wie Herr Bovist in der Tüte kruschtelte. Dann legte er etwas in meine geöffneten Hände.

»Augen auf!«, sagte Herr Bovist.

»Oh!«, konnte ich beim Anblick des wunderhübschen Säckchens nur sagen. Das moosgrüne, weiche Leder war über und über mit kleinen Blumen bestickt. Und wenn man die Lederbändel lockerte, öffnete es sich.

»Schööön!«, sagte Anni und schnüffelte an ihrem kirschroten Ledersäckchen. »Und es duftet so fein.«

Lilians Beutel leuchtete knallblau.

»Noch sind eure Notfallsäckchen leer«, erklärte Herr Bovist, der sich wieder zu uns an den runden Wohnzimmertisch gesetzt hatte. »Aber ihr drei werdet sie bis Freitag mit Essenzen füllen. Wie ihr bereits wisst, steckt in der flüssigen Essenz der Zauberblume die geballte Zauberkraft.«

»Sapperlot!«, rief Anni. »Jeder von uns bekommt sein eigenes gefülltes Notfallsäckchen?«

Herr Bovist nickte. »Im Notfallsäckchen stecken die Zauberessenzen, die man im Notfall am dringendsten brauchen kann. Der Kreisvorstand hat beschlossen, dass ihr bis Freitag euer eigenes Notfallsäckchen erstellt. Diese Aufgabe ist schon Teil der Prüfung. Ihr müsst sie zu dritt bewältigen. Ohne Hilfe eines Kreismitgliedes.«

»Allein?«, fragte ich nach. »Bis Freitag?«

»So ist es«, antwortete Herr Bovist. »Hört mir gut zu: Damit ich euch voll und ganz in das Geheimnis um die Zauberblumen und diesen Zaubergarten einweihen darf, *müsst* ihr dem Kreis angehören. Und das heißt: Ihr *müsst* die Prüfung am Freitag unbedingt bestehen.«

»Und wenn wir durchfallen?«, fragte ich atemlos.

»In diesem Fall könnt ihr die Prüfung in einem Jahr nochmals versuchen«, antwortete er mit ernstem Blick. »Allerdings dürftet ihr in diesem Jahr nur zu Besuch in den Zaubergarten kommen. Die Zauberblumen wären für euch tabu. In weitere Geheimnisse dürfte ich euch auf keinen Fall einweihen.«

Anni und ich starrten unseren alten Freund entsetzt an.

»Ihr beiden Mädchen habt schon viel über die Zauberblumen gelernt«, sagte Herr Bovist. »Ihr wisst, wie ihr die

Blumen, die ihr braucht, im Zauberbuch findet. Ihr habt die Samen auch schon des Öfteren im Gewächshaus gepflanzt und großgezogen. Selbst eine Essenz habt ihr schon hergestellt. Zwar ohne Unterweisung meinerseits, doch durchaus erfolgreich!«

»Ich kann das auch schon alles!«, sagte Lilian.

Herr Bovist nickte wieder.

Ich guckte zu Lilian. Als Enkelsohn von Emilia und Sohn von Viola wusste er bestimmt schon alles über Zauberblumen, als er noch gemütlich in Violas warmem Bauch steckte.

Herr Bovist fuhr fort: »Es steht viel auf dem Spiel. Ich zähle auf euch!«

Ich schluckte. Und nickte.

Herr Bovist stand auf und sagte: »Dann startet jetzt mit eurer heutigen Tagesaufgabe: dem Anpflanzen der benötigten Zauberblumensamen. Ihr habt keine Zeit zu verlieren. Viel Erfolg!«

Wenig später quetschten Anni, Lilian, Rupert, Susi und ich uns ohne unseren Zauberblumengroßmeister in das klitzekleine Arbeitshäuschen. Richtig, richtig eng war es jetzt. Weil das Arbeitshäuschen zwar genauso aussieht wie das Hexenhäuschen, aber viel, viel kleiner ist.

Das riesige und uralte Zauberbuch der Familie Bovist lag auf dem großen Schreibtisch für uns bereit.

»Also dann«, fragte ich, »welche Zaubereigenschaften brauchen wir für unsere Notfallsäckchen?«

Anni antwortete: »Ganz klar: den Bärenstarkzauber.«

Und da hatte sie natürlich recht. Stark zu sein war in Notfällen superwichtig!

»Im Wasser nicht untergehen können«, sagte nun Lilian.

Ich staunte nicht schlecht. »So einen Zauber gibt es?«

Lilian nickte. Und schlug das dicke Buch auf.

Vorsichtig blätterten wir die dünnen Seiten um.

»Da!«, sagte Lilian plötzlich und zeigte auf eine Blumenzeichnung. »Das ist die Schwimmblume.«

Wir beugten unsere Köpfe über die Zeichnung der Zauberpflanze.

»Die sieht aber komisch aus«, stellte Anni fest. »Schwimmt die Blüte auf dem Wasser?«

Ich legte meinen Zeigefinger unter die Schnörkelschrift und las laut vor: *»Polygonaceae, Familie der Knöterichgewächse.«* Verwundert starrte ich Lilian an. »Heißt deine Familie nicht Knöterich mit Nachnamen?«

Anni prustete laut.

»So ist es!«, antwortete Lilian. »Meine Familie hat vor vielen hundert Jahren diese Zauberpflanze gezüchtet. Die Knöterichs sind unter Zauberblumenzüchtern weltweit bekannt.«

»Wahnsinn!«, sagte Anni.

Ich las laut weiter: *»Riecht man an dieser kerzenförmigen rosafarbenen Blütenähre, wird einem die Fähigkeit zuteil, auf der Wasseroberfläche zu schwimmen, ohne unterzugehen, ähn-*

lich einem schwimmenden Wasservogel. Die Pflanze gedeiht bevorzugt in einem nahrhaften Tümpel / Teich. Sie verzichtet auf eine Grundwurzel und wächst als schwimmende Pflanze. Längliche, ledrige, dunkelgrün glänzende Blätter, die auf der Wasseroberfläche treiben.«

»Potz Blitz!«, rief Anni. »Da kann man ja gar nicht tauchen. Wie eine Boje dümpelst du auf dem Wasser herum. Wozu soll das gut sein?«

»Der Zauber ist nützlich, wenn jemand nicht schwimmen kann«, erklärte Lilian. »Ist ja wohl klar. Man braucht sie also im Notfall.«

Schnell blätterte er eine Seite im Zauberbuch weiter. »Und diese Zauberkraft hier brauche ich auch.« Er zeigte auf eine braunrote und eher hässliche Blume.

»Für welchen Notfall brauchst du am ganzen Körper ein dichtes Fell?«, fragte ich erstaunt.

Anni sagte kichernd: »Falls die nächste Eiszeit anbricht, ist ja wohl klar!«

»Ich mache seit einiger Zeit Zuchtversuche«, antwortete Lilian. »Ich werde eine Blume mit einer neuen und noch nie dagewesenen Zauberkraft züchten.«

»Und welche?«, fragte ich neugierig.

»Einen Tierverstehzauber!«, antwortete Lilian mit feierlicher Stimme.

»Toll!«, riefen Anni und ich fast gleichzeitig.

Und ich fügte hinzu: »Du hast es echt gut. Du züchtest bestimmt schon Zauberblumen, seit du denken kannst. Mit Hilfe deiner Zauberblumenfamilie.«

Jetzt guckte Lilian finster. »Eher nicht. Mama wollte nicht, dass ich wunderlich werde. Und zum Außenseiter. So wie *sie* selbst in ihrer Kindheit. Deshalb durfte ich bis jetzt nicht so viel praktisch arbeiten. Und das, obwohl die Mitglieder der Familie Knöterich schon als Kinder die tollsten Zauberblumen gezüchtet haben. Nur ich nicht. Wegen Mama! Aber Oma Emilia hat durchgesetzt, dass ich mit euch die Prüfung machen darf.«

»Als Mitglied einer Zauberblumenfamilie musst du doch wohl keine Prüfung machen?«, fragte ich.

Lilian nickte. »Schon. Aber hier bei Herrn Bovist habe ich *die* Chance, mit meiner eigenen Zauberzüchtung voranzukommen!«, erklärte er. »Ganz in Ruhe und ohne Mama!«

Er zog eine Schokolinse aus seiner Hosentasche. Der grüne Zuckerüberzug war etwas verschmiert.

»Ich habe schon heimlich Blumen mit Tiereigenschaften angepflanzt«, berichtete er. »In Omas Garten. Und Essenzen hergestellt. Wenn du diesen Smartie isst, kannst du eine Woche lang so gut riechen wie ein Spürhund.«

»Phantastisch!«, sagte Anni mit blitzenden Augen. »Darf ich den Smartie essen? Bitte?«

»Nix da!«, rief ich. »Du hast schon genug Zauber ausprobiert. Nachher wächst dir noch eine Riesennase. Die kannst du nicht verstecken. Da hilft auch keine Mütze!«

Bei unserem letzten Abenteuer hatte Anni Herrn Bovists Pralinen mit Hörzauber gegessen. Und riiiesige Knubbelohren bekommen. Für eine ganze Woche. Weil in einer Essenz die Zauberkraft geballt drinnensteckt.

Lilian sagte: »Also, ich habe den Zauber natürlich schon getestet. Meine Nase ist nicht gewachsen. Du kannst den Smartie haben.«

»Ich weiß nicht«, sagte ich zweifelnd.

Aber es war sowieso zu spät. Anni hatte sich die kleine grüne Schokolinse bereits in den Mund geschoben. Genüsslich kaute sie. Und schluckte.

Ich starrte meine Freundin an. Nichts. Ihre kleine Nase blieb klein. Da war ich schon mal sehr erleichtert.

Anni machte Schnüffelgeräusche. »Ich rieche nichts«, stellte sie fest.

»Oh!«, machte Lilian und zeigte auf Annis Hände. Unglaublich lange Krallennägel verlängerten ihre Finger. Wie bei einer Hexe in der Geisterbahn.

»Wahnsinn!«, sagte Anni und schlug ihre Klauen in die Luft. »Die sehen ja mörderisch aus!«

»Na prima«, stellte ich fest. »Deine Mama wird sich freuen!«

Anni zuckte mit den Achseln. »Es gibt doch Nagelscheren.«

»Äh«, machte Lilian. »Das war wohl der falsche Smartie. Ich habe schon einige Essenzen mit Tiereigenschaften zusammen. Es fehlen nicht mehr viele. Am Schluss werden alle Essenzen gemischt. Und – Palimpalim – ein neuer Zauber entsteht. Ich werde Mama damit überraschen. Und ihr zeigen, dass ich ein echter Knöterich bin.«

Anni guckte Lilian bewundernd an. »Toll!«, sagte sie wieder.

»Ich würde gerne Rupert verstehen können. Und Knox«, überlegte ich laut.

Knox ist meine kleine Schuppenmaus.

Anni und ich guckten uns an.

»Wir helfen dir«, sagte Anni schließlich.

»Echt?«, fragte Lilian grinsend. »Cool!«

Ich spendierte eine Runde Melonenkaugummi. Und sagte: »Also haben wir jetzt zwei Aufgaben.«

»Wir können uns ja aufteilen«, schlug Lilian vor. »Ich suche die fehlenden Samen mit den Tiereigenschaften heraus.«

»Und Anni und ich kümmern uns um die Samen für das Notfallsäckchen«, ergänzte ich.

Gesagt, getan. Wie die Ameisen wuselten wir zwischen Zauberbuch und Labor hin und her. Das Labor liegt neben dem Arbeitszimmer und ist so klein wie unser Reihenhausgästeklo zu Hause. Trotzdem passt in den klitzekleinen Raum ein riesiger Schrank mit vielen, vielen Schubladen. Und in den Schubladen stecken viele, viele Samentütchen mit Zauberblumensamen.

Anni war mir mit ihren Gruselkrallen keine große Hilfe. Weil sie die kleinen Samentütchen überhaupt nicht richtig öffnen konnte. Ein Tütchen schlitzte sie sogar auf. Aus

Versehen, versteht sich. Viele, viele Samen kullerten auf dem Boden herum. Anni konnte sie mit ihren Klauen nicht wieder aufsammeln. »Sapperlot«, fluchte meine Freundin. »So ein unpraktischer Zauber ist mir ja noch nicht untergekommen!«

Das Susi-Schwein wollte dann die Samen mit seinem Staubsaugerrüssel aufsaugen.

»Du Ferkel, du!«, rief Anni und wedelte mit den Krallenhänden.

»Susi!«, rief Lilian streng und scheuchte sein Schwein nach draußen auf die Wiese.

Aber endlich hatten wir alle Samen beisammen. Lilian ließ seine direkt in seinem neuen Ledersäckchen verschwinden.

Plötzlich durchzuckte mich ein Gedankenblitz: »Ludmilla!«, rief ich. »Ich pflanze auf alle Fälle einen Samen mit dem Unsichtbarkeitszauber.«

Die Unsichtbarkeitspflanze Ludmilla ist meine absolute Lieblingsblume. Wenn man an ihrer wunderschönen blauen Blüte riecht, wird man unsichtbar. Echt und ungelogen! Schon drei Mal hatte ich eine als Hausblume. Und wir haben mit ihrer Hilfe schon so einige brenzlige Situationen gemeistert.

Ludmillas Samen hob sich weiß und kugelrund von den

anderen braunen und schwarzen Samen ab. Nur der Samen der Schwimmpflanze stach noch heraus. Gelb und länglich wie ein Grassamen lag er neben Ludmillas Perle.

»Wie wird der Samen deiner Schwimmpflanze gepflanzt?«, fragte ich Lilian.

»Na, in einem Tümpel«, antwortete er.

»Dann fehlt uns jetzt nur noch der Tümpel«, sagte Anni und machte eine tolle Kaugummiblase.

Da keiner von uns wusste, woher wir einen Tümpel bekommen sollten, suchten wir als Nächstes Herrn Bovist. Sein Rat musste her, ganz klar.

»Vielleicht schneidest du vorher noch deine Nägel«, schlug ich Anni vor.

»Stimmt«, sagte Lilian und kramte in seinen Hosentaschen. Die Hose sah aus wie der khakigrüne Overall seiner Oma. Nur eben ohne Oberteil dran. Aber mit vielen Taschen entlang der Hosenbeine. Auf der Höhe des Knies zog er ein rotes Taschenmesser hervor.

»Mein Überlebensmesser hat eine Schere«, verkündete Lilian. »Und eine Säge.«

»Wir nehmen die Schere«, sagte Anni.

Die Krallen waren sehr, sehr dick. Und hart. Lilian musste die kleine Schere unglaublich doll zusammendrücken. Aber an einem Daumen klappte er dann doch kurz die Säge aus.

Ritsch, ratsch. Eklige Geräusche machte es. Endlich waren alle Nägel kurz.

»Ob an deinen Fußnägeln auch Krallen sind?«, fragte ich interessiert.

»Es ist jedenfalls ganz schön eng in meinen Turnschuhen«, antwortete Anni.

Aber dann wurden wir durch knirschende Geräusche abgelenkt. Beim Blick aus dem kleinen Fenster sahen wir ein feuerrotes Auto, das in einem Affentempo heranbrauste und scharf neben dem blauen Zelt bremste.

»Das ist Oma!«, stellte Lilian fest.

Und tatsächlich: Emilia im khakigrünen Overall sprang hurtig aus dem kleinen Fahrzeug.

»Huhuuu!«, rief sie. »Ist jemand daheim?«

Schon war sie im Hexenhaus verschwunden.

Als wir wenig später das Wohnzimmer betraten, saß Herr Bovist mit Emilia am runden Tisch im Wohnzimmer.

Die Sommersonne ließ die Sektgläser vor ihnen funkeln.

»Da sind ja unsere Lehrlinge«, sagte Herr Bovist und strahlte mit seinem Glas um die Wette. »Gerade haben wir auf die nächste Generation Blumenzauberer angestoßen.«

Die beiden alten Leutchen nippten an den Glitzergläsern.

»Also«, sagte ich, »wir suchen einen Tümpel.«

Jetzt guckten Herr Bovist und Emilia erstaunt.

»Zum Anpflanzen der Schwimmblume«, ergänzte Lilian.

»Ihr pflanzt eine Knöterichzüchtung?«, fragte Emilia. »Das ist ja wunderbar! Am besten steckt ihr den Samen mit etwas Blumenerde und einem Stein in einen Kaffeefilter. Den bindet ihr dann locker mit einem Faden zu und versenkt ihn im nicht zu tiefen Wasser.«

»Prima«, sagte Anni. »Dürfen wir deine Badewanne benutzen, Herr Bovist?«

»Gute Güte, nein!«, antwortete Herr Bovist. »Ihr benötigt das nahrhafte Wasser eines Teiches.«

Er zog direkt vor sich die Tischschublade auf und kramte einen Augenblick in ihr herum. Dann legte er ein zerknittertes Stück Papier und einen angeknabberten Bleistift vor sich auf die Tischplatte.

»Das hier ist mein Garten«, sagte er, während er ein Rechteck aufzeichnete. »Hier steht mein Haus mit Arbeitshäuschen, das hier ist der Tannenwald, und hier steht das Gewächshaus.« Mit schnellen Strichen kritzelte er ein paar Gebäude und Bäume aufs Papier. »Hier ist euer Mauerübergang. Und ganz auf der anderen Seite, in der gegenüberliegenden Ecke des Gartens sozusagen, hat mein Vater vor ewigen Zeiten einmal einen recht großen Teich angelegt.«

Mit flinken Strichen zeichnete der alte Mann einen Teich und Schilf in die äußerste Ecke des Zaubergartens ein.

Mit dem Zaubergartenplan, einem Kaffeefilter, einem Stück Faden und unseren Zaubersamen machten wir uns wenig später auf den Weg. Da waren Annis Krallen schon wieder lang gewachsen.

Hinter dem Hexenhaus beginnt direkt der grüne Dschungel. In den tauchten wir ein. Ich hielt Herrn Bovists Aufzeichnung in der Hand und führte unsere Gruppe an. Rupert stupste mich immer wieder mit seiner feuchten Schnauze in den Po.

»Schneller geht echt nicht«, sagte ich zu meinem ungeduldigen Freund. Denn der Dschungel war hier so dicht, dass ich das Blatt mit dem Plan immer wieder in meine Hosentasche stecken musste. Nur so konnte ich die Äste und Blätter und Spinnweben vor mir zur Seite schieben, um durch das grüne Gewucher hindurchzukommen.

»Man bräuchte eine Machete«, sagte Lilian. »Leider hat mein Taschenmesser keine.«

»Doofe Brennnesseln«, fluchte Anni, die mit Susi das Schlusslicht bildete.

»Gibt es hier auch Papageien?«, fragte Lilian. »Und Orang-Utans, Geparde und Giftschlangen?«

»Klar«, rief Anni von hinten. »Nimm dich in Acht!«

Bei einem umgestürzten Baumstamm blieb ich stehen und legte den Plan darauf.

»Wir müssten jetzt hier sein«, vermutete ich und legte meinen Finger an die gedachte Stelle.

»Also sollten wir weiter nach links«, sagte Lilian.

Und genau das machten wir. Unermüdlich stapften wir durch Laub und Farn. Und im Slalom um die vielen Bäume herum.

»Da vorne lichtet sich der Dschungel«, bemerkte ich irgendwann und legte an Tempo zu.

Jetzt ging der Dschungel in Schilf über. Dicht an dicht standen die langen, dünnen Stängel und wippten mit ihren dunklen Köpfen.

»Wo Schilf wächst, ist auch Wasser«, bemerkte Lilian. »Das Thema *Teich* hatten wir gerade erst in der Schule.«

Und dann standen wir plötzlich am schönsten Teich, den ich jemals gesehen hatte.

»Boah!«, machte auch Anni und klatschte begeistert in die Krallenhände.

»Von wegen Tümpel«, sagte Lilian und starrte auf das Wasser. »Das ist eine tiefe Angelegenheit.«

Auf dem fast eiförmigen Gewässer blühten hundert Seerosen. Oder zwanzig. Gezählt habe ich sie nicht. Und auf den tellergroßen Seerosenblättern saßen Wasserläufer, Fliegen und sogar ein kleiner Frosch. An meinem Ohr surrte eine Libelle vorbei.

Anni streifte sich die Turnschuhe von den Füßen. Rupert schnüffelte interessiert an den langen Fußkrallen.

»Weg, du oller Wurstschädel«, rief Anni. *Schwuppsdiwupps* stand sie bis zu den Knien im Wasser.

»Anni hat Hundeangst«, erklärte ich Lilian, der etwas

komisch guckte. »Vor allem bei so großen Hunden wie Rupert.«

Anni furchte mit ihren Krallen hübsche Bahnen ins Wasser. »Hier können wir locker die Tauchpflanze versenken«, rief sie uns zu.

Ich zog meinen Beutel mit den Zaubersamen und den Kaffeefilter aus der Shortstasche.

»Wir haben die Blumenerde vergessen«, stellte ich fest.

Lilian flitzte zurück zwischen die Bäume. Mit einer Handvoll fast schwarzer Erdkrümel stand er wenige Sekunden später wieder neben mir.

»Feinster Waldboden«, sagte er.

Wir stopften die Erde mit einem kleinen Stein in den Filter. Zum Schluss drückte ich vorsichtig den gelben Samen in das Gemisch. Perfekt! Mit dem Faden banden wir das Päckchen zu.

»Werft es mir zu«, rief Anni, die immer noch im Wasser herumwatete. »Ich versenke es genau hier!«

Doch leider wollte unser braunes Samenpaket kein bisschen sinken. Drei Steine mussten wir noch in den Kaffeefilter stecken, bevor er blubbernd im grünen Wasser unterging.

»Teil eins ist schon einmal erledigt«, stellte ich zufrieden fest. »Auf geht's zum Gewächshaus.«

Schließlich wollten wir noch alle anderen Zauberblumensamen in die Maulwurfshügel pflanzen.

»Wo ist Susi?«, fragte Lilian plötzlich und guckte sich hektisch um. »Suuusi?«

Kein Schwein tauchte auf.

Jetzt riefen wir alle nach dem kleinen Tier. »Suuusi!«

Nichts.

»Besonders gut hört dein Schwein ja nicht«, bemerkte Anni.

»Susi ist noch ganz jung«, antwortete Lilian. »Und eine Schweineschule gibt es übrigens nicht.«

Schon flitzte er »Susi!« rufend am Ufer entlang. Jetzt war er zwischen dem dichten Schilf und der efeubewachsenen Mauer verschwunden.

Anni und ich suchten das Gebüsch am Waldrand ab.

»Tilda, Anni! Hierher!«, hörte ich Lilians Stimme. »Schnell!«

Wir galoppierten gleichzeitig los. Weit mussten wir nicht rennen. Lilian lag vor der Mauer auf dem Boden. Sein Kopf steckte unter langen Efeuranken.

»Was macht er da?«, fragte Anni mich. »Steckt sein Kopf in der Mauer?«

Lilians Stimme ertönte dumpf: »Suuusi! Hierher! Sofort!«

»Tock, tock, tock!«, machte Anni und klopfte sich an die Stirn.

Lilians dreckverschmiertes Gesicht tauchte auf. »Susi ist auf der anderen Seite der Mauer«, rief er aufgebracht. »Echt jetzt! Hier sind keine Steine, sondern Holz.«

Ich schob das Efeu beiseite. Auch Anni packte ein paar lange Ranken und zog daran.

»Eine Tür«, sagte ich erstaunt.

Lilian rappelte sich auf und rüttelte am Türgriff. »Wir müssen Susi zurückholen!«, rief er.

Aber die Tür war abgeschlossen. Und sosehr wir auch an ihr rüttelten, sie bewegte sich kein Stück.

Plötzlich hörte ich ein Grunzen. Und ein Quieken.

Ich warf mich auf den Boden und streckte meine Finger unter dem ausgefransten Türspalt durch. Susis feuchte Nase berührte meine Haut.

»Wie ist sie da reingekommen?«, überlegte ich. »Gibt es irgendwo ein Loch in der Mauer? Oder einen Durchgang?«

»Keine Ahnung«, antwortete Lilian. »Susi ist neugierig. Sie erkundet *alles*!«

»Lasst mich mal«, sagte Anni. Breitbeinig stellte sie sich vor die Holztür. Fast eine Grätsche machte sie. Und dann schlug sie ihre langen, spitzen Krallen in die Erde. In Windeseile schaufelte sie Erdbrocken zwischen ihren Beinen hindurch. Wie ein Hund. Rupert guckte neugierig zu. Lilian und ich hielten die langen Efeuranken auf die Seite. Wie einen Vorhang im Theater. Erde und Steinchen sausten an uns vorbei.

Anni grub und schaufelte und grub und schaufelte. Im Nullkommanix hatte sich unter der Holztür ein Graben gebildet. Lilian und ich legten uns vor den nun recht breiten Durchgang und lockten: »Komm, Susi, komm!«

Und endlich schob sich Susi unter dem nun minischweingroßen Türspalt hindurch.

»Uff«, machte Lilian. »Zum Glück ist Susi noch nicht ausgewachsen.« Dann strahlte er Anni an. »Danke!«

»Krallen sind so was von praktisch«, sagte Anni. Zufrieden betrachtete sie ihre erdbraunen Maulwurfsschaufeln.

Na ja!

»Wohin die Tür wohl führt?«, überlegte ich und presste mein Gesicht an den Spalt. »Dahinter ist es stockdunkel.« Ich schnüffelte. »Und es riecht komisch. Irgendwie muffig.«

In dem Moment brüllte Lilian: »Suuusi! Stopp!«

Ich rappelte mich auf. Und sah gerade noch, wie Lilian rennend hinter dem Schilf verschwand.

»Oh, dieses Schwein!«, sagte meine Freundin und stöhnte leise.

Rupert, Anni und ich nahmen die Verfolgung auf. Direkt am Dschungeleingang stießen wir auch schon auf den flinken Schweinebesitzer und sein Tier.

»Susi wollte nur ein bisschen im Waldboden wühlen«, erklärte Lilian. »Hier liegen viele Eicheln.«

»So, so!«, sagte Anni.

»Die Zaubersamen wollen in die Erde!«, sagte ich und zeigte auf Herrn Bovists Aufzeichnung. »Wenn wir genau hier in den Wald eintauchen, kommen wir direkt beim Glashaus raus.«

Lilian fuhr mit dem Finger die Strecke ab. »Es kann nicht weit sein.«

Gesagt, getan.

Wieder stapften wir durch das dichte Grün. Nur ab und zu schaffte es ein Sonnenstrahl durch das Blätterdach und ließ Lilians glänzende Locken aufleuchten. Schön sah das aus.

Und dann tauchte vor uns auch schon die Lichtung mit dem Gewächshaus auf.

»Das ging jetzt mal schnell«, sagte Anni hinter mir.

Das Glashaus thronte wunderhübsch in der Mitte der blumigen Wiese und streckte sein spitzes Dach in den makellos blauen Sommerhimmel.

Doch was war das?

»Stopp!«, raunte ich den anderen zu.

Da stand eine Gestalt zwischen den Beeten im Glashaus. Mit feuerrot leuchtendem Haar.

»O nee!«, sagte Anni und verdrehte die Augen. »Gunnar!«

Bei Gunnars Anblick war auch meine gute Laune wie weggeblasen.

»Was hat *der* hier zu suchen?«, überlegte ich.

»Was ist denn so schlimm daran?«, fragte Lilian.

»Gunnar ist der doofste Erwachsene, den ich kenne«, erklärte ich ihm. »Ach was, der doofste Mensch überhaupt.«

»Aha«, sagte Lilian und zuckte mit den Schultern. »Gunnar wird uns schon nicht fressen!«

»Da bin ich mir gar nicht so sicher!«, bemerkte Anni.

Aber Lilian hüpfte schon mit Susi über die Maulwurfshügel, öffnete die Gewächshaustür und rief laut: »Hallihallo!«

Anni und ich folgten im Eiltempo.

Gunnar starrte uns grimmig an.

»Da schau her«, sagte er schließlich, »die Horrormädchen!«

»Wenn du *uns* Kinder Horror findest, bist *du* ein Angsthase«, sagte Anni.

Lilian guckte finster. »Und ich bin kein Mädchen!«

Der lange Gunnar schaute erstaunt auf Lilian runter. »Jetzt tummeln sich hier schon drei Kinder«, bemerkte er. »Ist das ein Kindergeburtstag? Oder ein Feriencamp für Nervensägen? O nein, wie ich sehe, sind auch Ferkel zugelassen. Konrad Bovist verliert gerade wohl einfach den Verstand!«

»Erwachsene sind im Ferienlager jedenfalls *nicht* zugelassen«, sagte Anni. »Du musst dir also einen anderen Garten suchen!«

»Zum Glück habt ihr Gören hier noch nichts zu bestimmen«, bemerkte Gunnar. »Ich repariere das Gewächshaus. So heruntergekommen, wie es ist, brauche ich dafür mindestens eine Woche.«

Anni und ich schauten uns entsetzt an. Eine Woche sollten wir diesen grässlichen Gunnar ertragen? Auf keinen Fall! Aber Gunnar musste das Gewächshaus als Strafmaßnahme vom Kreis reparieren. Weil er aus Habgier sogar schon Herrn Bovist entführt hatte!

»Sucht euch einen anderen Platz zum Spielen«, sagte Gunnar. »Husch, husch, nach Hause! Ich muss hier arbeiten und brauche meine Ruhe.«

»Wir müssen auch hier im Gewächshaus arbeiten«, stellte ich klar.

»Wollt ihr Bonbonbäume pflanzen?«, fragte Gunnar und lachte blöde.

»Sehr witzig«, sagte Lilian. »Wir pflanzen Zauberblumensamen. Für unsere Prüfung am Freitag.«

Gunnar stierte Lilian an. Und schluckte laut.

»*Das* werden wir ja sehen«, brummte er schließlich, drehte sich um und verließ schnellen Schrittes das Glashaus.

Nach Gunnars Verschwinden kraulte ich erst einmal Riesenhase Kalli. Er wohnt neuerdings in Herrn Bovists Gewächshaus. Dann machten wir Kinder uns an den Beeten zu schaffen. Anni und ich häuften sehr, sehr schöne Erdhügel auf.

»Also, meine Krallen sind so was von praktisch«, sagte Anni noch einmal begeistert und furchte durch die Erde.

Ruck, zuck waren wir fertig. Dann bohrten wir mit dem

Spatenstiel Löcher in die Hügelspitzen. Genau wie Herr Bovist es uns gezeigt hatte. Wie prächtige Vulkane standen sie in einer Reihe vor uns.

Ich legte in jede Vulkanöffnung einen Samen. Anni füllte mit ihren Krallen die Löcher mit Erde auf. Und Lilian folgte uns mit der Gießkanne und gab jedem Samen ordentlich Wasser.

Plötzlich stand wieder Gunnar in der Tür. Im Arm trug er viele, viele Metallstäbe. Und eine Rolle Maschendrahtzaun.

»Was machst du damit?«, fragte ich Gunnar.

»Ich habe den Auftrag, euren Hasen von den Beeten fernzuhalten«, erklärte Gunnar. »Deshalb stelle ich einen niedrigen Maschendrahtzaun auf. Wenn's recht ist! Der vordere Teil des Gewächshauses ist dann Hasengebiet. An die Blumenhügel kommt er jedoch nicht heran.«

Kalli hüpfte gerade mit Susi zwischen den Erdhügeln herum. Unser Riesenhase war bis vor kurzem ein Zirkusstar. Und weil er einen großen Appetit hat, knabbert er auch gerne an Zauberblumen herum.

»Das ist mal eine richtig gute Idee«, sagte ich deshalb freundlich zu Gunnar. Auch wenn die Idee bestimmt nicht seinem Kopf entsprungen war. Sondern dem von Herrn Bovist. Aber Gunnar war sowieso gerade vom störrischen Maschendraht abgelenkt.

Anni puhlte braune Erde unter ihren Krallennägeln hervor. »Jetzt brauchen wir nur noch Namensschildchen«, sagte sie zufrieden. »Damit wir keinen Zauber durcheinanderbringen.«

»Ich bin dagegen!«, antwortete ich mit Flüsterstimme: »Weil Gunnar nicht zu wissen braucht, welche Zauberblumen hier wachsen werden. Der schlaue Fuchs gibt so schnell nicht auf. Wir sollten auf der Hut sein!«

»Stimmt«, flüsterte Anni zurück.

Und weil es für uns Kinder nichts mehr zu tun gab, verabschiedeten wir uns von Kalli. Und entfernten uns hurtig in Richtung Hexenhaus. Rupert und Susi trabten brav hinterher.

Herr Bovist stand auf der kleinen Blumenwiese vor dem Haus und winkte Emilias rotem Auto nach.

»Hat deine Oma dich hier vergessen?«, fragte ich Lilian. Der schüttelte den Kopf, dass seine Locken nur so flogen.

»Ganz liebe Grüße von Emilia«, sagte Herr Bovist. »Wir wussten nicht, wann ihr wieder auftaucht. Also hat sie sich auf den Heimweg gemacht. Lilian verbringt die Woche bei Rupert und mir. Und da es im Haus sehr beengt ist, nächtigt er im Zelt.«

»Mit Susi«, bemerkte Lilian.

»Selbstverständlich, selbstverständlich«, sagte Herr Bovist lachend und strubbelte Lilian durch die Locken.

In meinem Bauch meldete sich ein klitzekleiner Neidbär. Weil Lilian im Zaubergarten zelten durfte. Bei Rupert und unserem alten Freund.

Aber dann fiel mir das Abendessen wieder ein. Und dass Papa heute kochen wollte. Papa kocht lecker. Außerdem durfte Anni bei uns essen. Weil ihre Mutter Renate Spätschicht hatte.

»Tschüs und bis morgen!«, rief ich Herrn Bovist, Lilian, Rupert und Susi zu. Dann nahm ich Annis Hand, und wir hüpften im perfekten Gleichklang über die Wiese davon in Richtung der großen Steinmauer und des Gartens von Oma und Opa.

Zu Hause duftete es schon im Flur wunderbar nach Papas Lasagne. Ich liiiebe Papas Lasagne. Anni wollte auch gleich in die Küche stürmen.

»Ich muss dir erst noch die Krallen schneiden«, raunte ich und hielt sie am T-Shirt fest. Mit Papas superstarkem Nagelknipser war die Sache ruck, zuck erledigt.

»Steck dir den Knipser in die Hosentasche«, schlug ich vor. »Du musst bestimmt bald wieder die Krallen stutzen.«

Endlich saßen alle Kannegießers um den großen Küchentisch herum. Und Anni natürlich auch.

»Was sind denn jetzt eure Pläne für die erste Ferienwoche?«, fragte Mama und wischte sich den Mund mit der Serviette ab.

»Fußballcamp!«, brüllten Finn und Jonas wie aus einem Mund. Sie sind Zwillinge. Und zwei Jahre älter als ich.

Und genau in dem Moment schoss ein unglaublich supertoller Gedankenblitz durch meinen Kopf. »Anni und ich sind diese Woche auch im Camp«, verkündete ich. Alle guckten mich erstaunt an. »Wir sind im Schuppencamp!«

Annis großer Mund grinste von einem Ohr zum anderen. »So ist es!«, sagte sie.

»Ich habe dich nicht zum Schuppencamp angemeldet«, sagte Papa lachend. Und Mama lachte mit.

»Das ist kein Witz!«, sagte ich zu meinen albernen Eltern. »Anni und ich verbringen die nächsten Tage im Schuppencamp. Oma und Opa verlangen keine Anmeldung. Und auch keine Unterschrift der Eltern.« Ich guckte Mama und Papa sehr, sehr grimmig an.

Mama seufzte. »Ich habe diese Woche noch viel in der Schule zu tun. Aufräumen und so«, sagte sie in Papas Richtung.

»Ich bin im Büro und komme erst abends nach Hause«, verkündete Papa.

Meine große Schwester Leni rief: »Ich bin den ganzen Tag mit meiner Clique unterwegs. Ich passe auf keinen Fall auf die Kleinen auf. Das könnt ihr vergessen. Ich habe Ferien!«

Ich drückte unter der Tischplatte ganz fest Annis Hand.

Meine Eltern tauschten Blicke. Papa zuckte mit den Schultern.

»Also gut«, sagte Mama. »Ich spreche mit Renate. Und mit Oma. Aber ich verspreche noch nichts.«

Da gab ich meiner Mama einen richtig dicken Kuss auf die Nase. Das mag sie am allerliebsten.

Als ich mich wenig später von Anni verabschiedete, raunte sie mir ins Ohr: »Unser Schuppencamp wird großartig werden!«

Mit wehendem Haar und vergnügt singend, hopste Anni davon.

Ich flitzte alle Treppenstufen hoch bis unter das Dach in mein Zimmer und stemmte die Matratze meines Bettes mit der Schulter in die Höhe. So konnte ich nach meinem

Tagebuch angeln. Darin stand schon alles über meine bisherigen Zauberpflanzen. Ich setzte mich an meinen Schreibtisch und schrieb in meiner schönsten Schrift auf die erste freie Seite:

> 6. Juli, erster Sommerferiensonntag!
>
> Anni, Lilian und ich bereiten uns auf die Prüfung am Freitag vor!
>
> Heute hat alles gut geklappt.
>
> Wir pflanzten folgende Zauberblumen an:
>
> - eine Unsichtbarkeitsblume (hoffentlich wird sie groß und stark wie Ludmilla und Ludmillo)
> - eine Bärenstarkblume (stark wie ein Bär)
> - eine Flugblume (fliegen wie ein Vogel)
> - eine Kletterblume (klettern wie ein Eichhörnchen)
> - eine Schnelligkeitsblume (schnell wie ein Gepard)
> - eine Schwimmblume (da geht man nicht unter)
>
> Welche Blumen mit Tiereigenschaften Lilian angepflanzt hat, weiß ich gar nicht so genau.
>
> Leider ist Gunnar im Zaubergarten unterwegs. Ich hoffe, dass er uns in Ruhe lässt!

An diesem Abend schlief ich ruck, zuck ein. Aber da wusste ich ja auch nicht, was noch alles passieren würde!

Ab ins Schuppencamp

Am Montagmorgen hatte Papa die Zwillinge schon sehr früh mit allem Gepäck zum Sportplatz gebracht. Weil dort der Bus ins Fußballcamp gestartet war.

Jetzt saßen Mama, Papa, Leni und ich am Frühstückstisch auf der Terrasse.

»Ich habe gestern Abend übrigens noch mit Renate und Oma telefoniert«, sagte Mama nach einem großen Schluck Kaffee. »Anni und du, ihr dürft ins Schuppencamp.«

Ich jubelte los. Und warf vor lauter Freude meine Tasse mit Kakao um.

Nachdem die Sauerei aufgewischt war, sagte Mama: »Es ist aber noch nicht klar, wie lange ihr im Schuppencamp bleibt. Renate, Oma und ich haben ausgemacht, dass ihr jeden Morgen bei Oma und Opa frühstückt und ein Vesper für die Mittagszeit bekommt. Gegen Abend bringt euch einer von uns ein Essen. Eure Anwesenheit ist dabei Pflicht. Wir schauen, wie es von Tag zu Tag läuft und wie groß euer Schlafmangel ist.«

Ich guckte Mama finster an. »Schaust du bei den Zwillingen im Fußballcamp auch von Tag zu Tag, wie es läuft?«

Papa schüttelte den Kopf. »Also, Tilda-Schatz«, sagte er. »Freu dich einfach, dass wir euch das Übernachten im Schuppen erlauben.«

»So ist es«, sagte Mama. »Und Punkt!«

Pah! Aber wenn Mama *Punkt* sagt, ist an der Sache nichts zu rütteln.

»Ich gehe heute zu Amanda«, verkündete Leni mit vollem Mund.

»Aha«, machte Mama. »Und wer ist Amanda?«

»Na, die Neue aus meiner Klasse«, sagte Leni mit leicht genervter Stimme. »Ihre Eltern sind megareich. Die wohnen in einer Villa oder so. Und einen Pool haben sie auch im Garten. Meine ganze Clique trifft sich dort.«

Ich war schwer beeindruckt. Einen Pool wollte ich auch gerne haben. Aber Papa hatte schon Mühe, ein Planschbecken in unseren minikleinen Reihenhausgarten zu quetschen.

Und dann hatte ich auch keine Zeit mehr, mit meiner

Familie zu plaudern. Weil es an der Tür klingelte. Als ich sie öffnete, stand Anni mit sehr, sehr viel Gepäck in unserem kleinen Vorgarten.

In Windeseile packte ich das Wichtigste für ein Schuppencamp zusammen. Ganz schön oft musste ich dazu in den Keller rennen.

Aber endlich, endlich hatte ich auch meinen Schlafsack und Papas Stirnlampe im Flur angehäuft. Anni stopfte alles mit ihren langen Krallen in den großen Kannegießer-Wanderrucksack.

»Die hättest du dir mal schneiden sollen«, raunte ich meiner Freundin zu. Aber es war schon zu spät.

Papa fragte mit großen Augen: »Was sind denn das für Vampirkrallen?«

Anni antwortete: »Extrascharfe Krallen für das Schuppencamp. Damit sehe ich wild und gefährlich aus.«

»Aha«, machte Papa und steckte eine neue Batterie in die Stirnlampe. »Dann verletz dich mal nicht damit. In der Wildnis.«

Anni flüsterte mir ins Ohr: »Ich lasse die Krallen jetzt so lang. Ich habe keine Lust, alle paar Minuten meine Nägel zu schneiden!«

Mama tauchte mit Bananen und Keksen auf. »Die sind für zwischendurch«, sagte sie. »Richtiges Essen bringe ich euch heute Abend vorbei.«

Dann schulterten Anni und ich unsere Rucksäcke, und wir machten uns nach vielen Abschiedsküssen auf den Weg.

Bis zur Scheffelstraße kamen wir ganz zackig voran. Im Garten meiner Großeltern hing der Rucksack dann schon wie ein Sack Steine auf meinem Rücken.

Opa rief uns von der Terrasse zu: »Glück auf, liebe Wildcamper!«

Und Oma winkte fröhlich mit ihrem Taschentuch.

Unser Geheimversteck steht ganz hinten im riesigen Garten meiner Großeltern. Wir schleppten uns mit unserem schweren Proviant den mittleren Pfad entlang. Endlich kam die grüne Hütte in Sicht.

»Puh«, machte Anni und warf ihren Monsterrucksack vor die Schuppentür. »Glücklicherweise müssen wir unser Gepäck nicht noch über die Mauer und durch den Dschungel hieven.«

»Ich würde aber schon gerne vor Herrn Bovists Hexenhäuschen zelten«, sagte ich. Wie Lilian.

»Im Schuppen ist es viel gemütlicher«, antwortete Anni und schob sich eine verschwitzte Haarsträhne aus dem Gesicht.

Damit es in unserem Camp noch gemütlicher wurde, flitzten wir den Gartenweg zurück bis zu Omas Haus. Und holten zwei alte Kindermatratzen vom Speicher. Sie sind etwas zu kurz und mit Stroh oder so gefüllt. Aber wenn man alle Möbel auf die Wiese stellt, passen sie haargenau in die Hütte. Nachdem wir unsere Schlafsäcke auf den Matratzen ausgerollt hatten, hockten wir erschöpft auf den kleinen Stühlen vor dem grünen Schuppen und knabberten zur Stärkung ein paar von Mamas Keksen.

»Und jetzt sollten wir los«, sagte ich schließlich. »Unser Zauberblumenmeister wartet bestimmt schon auf seine Zauberblumenlehrlinge!«

Wie zwei Feuerwehrfrauen sausten wir wenige Minuten später auf Opas langer Holzleiter die Mauer hoch. Und auf der anderen Seite wieder runter. Wir kämpften uns durch den Dschungel, riefen Kalli im Gewächshaus ein »Hallo!« zu und flitzten auch schon weiter zum Hexenhäuschen.

In der Küche saßen Herr Bovist und Lilian gemütlich am Küchentisch. Und Emilia.

»Guten Morgen!«, riefen die beiden alten Leute im Gleichklang.

»Schön, dass ihr da seid, ihr lieben Mädchen«, sagte Herr Bovist. »Gerade haben Emilia und ich eure heutige Tagesaufgabe besprochen.«

»Wer Mitglied im Kreis sein möchte, muss natürlich die Regeln und Gesetze kennen«, erklärte Emilia. Sie hielt ein dünnes, gelbes Heft in die Höhe. Auf dem Deckblatt prangte ein wunderhübscher Blumenkranz, und darunter stand in schnörkeliger Schrift *Kreis*. »Den Inhalt solltet ihr bis zur Prüfung können.«

»Auswendig?«, fragte Anni und riss ihre blauen Augen auf.

»Selbstverständlich«, antwortete Emilia. »Diese Gesetze sind das Fundament unserer Zauberblumengemeinschaft. Wer sie bricht, hat mit Strafmaßnahmen oder gar mit Ausschluss zu rechnen.«

Anni kaute an einer ihrer Krallen. »Da hat Gunnar für seine Schandtaten aber eine ziemlich mickrige Strafe bekommen«, stellte sie fest. »Das Gewächshaus zu reparieren ist ja nicht sooo fürchterlich schlimm!«

»Er musste auch seine Samen abgeben«, bemerkte ich. »Und sein Familienzauberblumenbuch!«

Herr Bovist nickte. »Wir glauben, dass Gunnar noch nicht verloren ist«, antwortete er. »Ganz tief in seinem Innern ist er ein feiner Mensch.«

Ach ja? Das musste aber sehr, sehr tief in seinem Innern sein.

»Hinzu kommt, dass Gunnar ein phantastischer Zauberblumenzüchter ist«, sagte Emilia. »Er hat für seine Neuzüchtungen sogar schon einige Preise gewonnen. Wir wollen Gunnar nicht endgültig verlieren.«

Herr Bovist drückte jedem von uns Kindern ein gelbes Regelheft in die Hand. »Natürlich dürft ihr die Pflege eurer frisch gepflanzten Samen nicht vergessen«, sagte er. »Wässern, nach Schädlingen schauen und das Düngen mit Pferdeäpfeln gehören zum Tagesprogramm eines jeden Züchters.«

Pferdeäpfel! Die hatten wir am Vortag ja ganz vergessen! Das Stinkezeug mussten wir gleich als Erstes in die Erdhügel stecken.

»Konrad!«, sagte Emilia mit strenger Stimme und stand auf. »Die Kinder schaffen das allein. Und wir beide sollten jetzt auch los.«

»Wohin geht ihr denn?«, fragte ich meinen alten Freund. »Ich dachte, du bleibst in unserer Nähe? Falls wir ein Problem haben.«

Herr Bovist strich sich die wilden Haare glatt und schlüpfte in sein schickes schwarzes Jackett. »Ich fahre mit Emilia zu einer Zauberblumentauschbörse. Vielleicht finde ich dort eine neue und interessante Züchtung. Falls es Probleme gibt, wendet euch an Gunnar. Er wird später wieder im Gewächshaus tätig sein.«

Auf keinen Fall!

Die beiden älteren Herrschaften winkten uns noch fröhlich zu, bevor sie im kleinen roten Auto über die Kiesauffahrt davonbrausten.

Nur wenig später standen Lilian, Anni, Rupert, Susi und ich im Gewächshaus. Die gelben Hefte hatten wir auf dem Küchentisch liegen lassen. Für später. Zuerst einmal musste der Stinkemist an die Pflänzchen kommen. Damit sie groß und stark wurden.

»Die sind aber gewachsen!«, rief Anni, die als Erste das Glashaus betrat. Und das stimmte. Aus jedem Erdhügel guckte ein kurzer Stiel hervor. Manche hatten schon Blätter. Und bei einigen konnte ich sogar kleine Knospen entdecken. Aber am meisten freute ich mich über die Unsichtbarkeitspflanze. Aufrecht und mit dicker, runder Knospe stand sie auf ihrem Erdhügel. »Das wird eine starke Unsichtbarkeitsblume und kein so armes Würmchen wie die kleine Milli!«, sagte ich. Meine letzte Unsichtbarkeitsblume war sehr klein und mickrig gewesen. Und ihr Zauber war so schwach gewesen, dass man nur kurz unsichtbar geworden war. Geliebt hatte ich Milli natürlich trotzdem, ist ja klar.

»Es läuft alles nach Plan«, sagte auch Lilian mit zufriedener Stimme.

Wir suchten die kleinen Gewächse nach Schädlingen ab. Und stopften etwas von dem Stinkemist aus einer Tüte neben dem Regal in jeden Vulkankrater. Na ja. Anni konnte mit ihren Monsterkrallen nicht wirklich helfen. Also erledigten Lilian und ich den Stinkekram, während Anni viele Gießkannen voll Wasser in die Erdhügel schüttete.

Und dann hatten wir es geschafft.

»Wir sollten auch noch Pferdeäpfel in den Kaffeefilter stecken«, rief plötzlich Lilian. »Die Schwimmblume muss schnell wachsen. Ich brauche ihre ganze Kraft. Schon bald!«

Erstaunt guckte ich ihn an. »Wieso brauchst *du* den Schwimmzauber?«

Lilian zupfte an einer dunklen Locke. »Ich hasse Wasser«, antwortete er schnell und flitzte zum Regal. Dort nahm er sich einen kleinen Blumentopf und füllte ein paar Stinkebrocken hinein. Ich hüpfte mit einem Satz über den Hasenzaun und stand wieder neben ihm.

»Du magst kein Wasser?«, fragte ich nach. Das konnte ich mir ja überhaupt nicht vorstellen. Es gibt doch wohl nichts Schöneres, als im Wasser zu planschen und zu schwimmen und zu tauchen!

»Das ist eine lange Geschichte«, nuschelte Lilian und – *schwupps* – war er aus dem Gewächshaus geschlüpft.

Gunnars Anblick lenkte mich ab. Mit großen Schritten stürmte der Rotfuchs über die Lichtung.

»Welch freudige Überraschung«, sagte er zur Begrüßung. Er guckte aber kein bisschen freudig.

Mir fiel ein, was Herr Bovist heute über Gunnar gesagt hatte: dass er im Grunde ein feiner Mensch ist. Oder so.

»Du, Gunnar«, fragte ich deshalb den langen Mann und zeigte auf Kalli. Der höppelte gerade über die blumige Wiese. »Kalli würde so gerne noch da draußen bleiben.

Zum Fressen und Höppeln. Kannst du ihn vielleicht ein bisschen im Blick behalten? Also, wo du doch schon mal hier bist?«

Gunnar starrte mich an. Und schluckte mehrmals laut. Sein Adamsapfel fuhr dabei wie ein Fahrstuhl an seinem Hals auf und ab.

»Von mir aus«, sagte er schließlich. »Aber nur dieses eine Mal. Ich hab Wichtigeres zu tun, als Riesenhasen zu hüten!«

»Daaanke!«, riefen Anni, Lilian und ich, bevor wir mit Rupert, Susi und den Pferdeäpfeln in den Dschungel hinter dem Gewächshaus eintauchten.

*

Nur wenige Minuten später spuckte uns der dichte Wald am Schilfufer wieder aus.

»Wie finden wir in der trüben Suppe den Kaffeefilter wieder?«, fragte Lilian.

»Na, ganz einfach«, antwortete Anni. »Abtauchen!« Sie zog sich die Schuhe von den Füßen. Und schlüpfte aus dem rüschigen Rock. In ihrer blau getupften Unterhose watete sie ins Tümpelwasser.

»Weiter links«, rief Lilian.

Anni tastete mit ihren Füßen den Teichboden ab. »Da ist nur ganz viel Schlamm«, meinte sie.

Schlammige Böden mag ich nicht. Weil ich mir dann immer vorstellen muss, was in der Pampe alles stecken könnte. Würmer zum Beispiel. Oder ein Krebs.

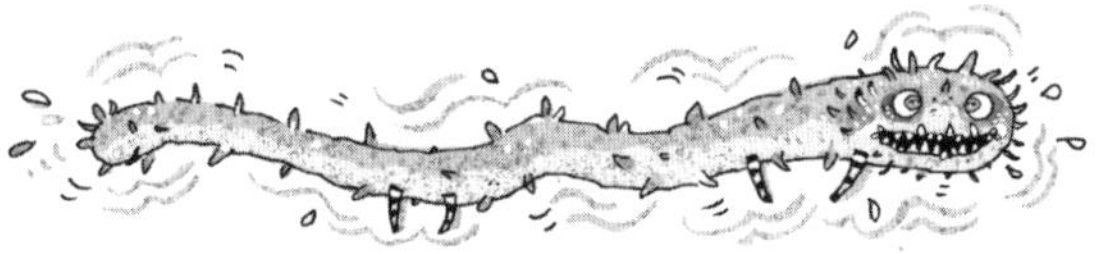

Urplötzlich tauchte Anni kopfüber ab. Nur ihr Popo ragte mit aufgeblähter Unterhose aus dem Wasser.

»Ganz schön mutig, deine Freundin«, sagte Lilian.

Jetzt tauchte Anni prustend wieder auf. »Obwohl das Wasser nicht tief ist, kann ich nur ein paar Zentimeter weit gucken«, rief sie uns zu. Ihre langen schwarzen Haare klebten am Kopf und am völlig durchnässten T-Shirt. Das Wasser wurde immer trüber. Ganz braun war es schon vom aufgewirbelten Schlamm.

Ich seufzte. »Wir sollten Anni helfen!«, sagte ich zu Lilian.

»Ich geh da nicht rein!«, sagte der Junge.

»Wieso? Kannst du etwa nicht schwimmen?«, fragte ich.

»Klar kann ich schwimmen!«, rief Lilian und guckte böse.

»Tadaaa!«, rief Anni im selben Moment. Sie hielt das

Kaffeefilterpäckchen in die Höhe. Langsam watete sie zu uns ans Ufer. Ich staunte nicht schlecht. Mitten im braunen Päckchen hatte sich ein dicker, dunkelgrün glänzender Pflanzentrieb aus dem Papier gebohrt. So lang wie mein Unterarm war er schon.

»Toll, was?«, fragte Anni und wrang ihre Haare aus wie einen Waschlappen. Ich wickelte vorsichtig den Faden ab und klappte den Kaffeefilter auseinander. Der war schon ganz schön labberig. Trotzdem schaffte ich es, etwas Pferdemist hineinzustopfen. Und den Faden wieder drumzuwickeln.

»Und ab zurück ins Wasser«, sagte ich zufrieden.

Genau in dem Moment grollte ein tiefes Knurren aus Ruperts Bauch.

Erschrocken guckten wir uns an.

»Gunnar?«, wisperte Anni.

»Ins Gebüsch, schnell«, raunte ich und zog Rupert am Fell mit mir mit.

Lilian schnappte sein Schwein. Anni schleuderte die Schwimmpflanze im hohen Bogen zurück ins Wasser und krallte sich ihre Klamotten. Nur Sekunden später hockten wir alle gut versteckt im hohen Schilf. Stumm beobachteten wir das schmale Ufer und den Waldrand dahinter.

»Daaa!«, raunte ich.

Gerade trat Gunnar zwischen den Bäumen hervor. Er stand nur einen Steinwurf von uns entfernt und blickte sich suchend um.

Wir waren mucksmäuschenstill. Sogar das Susi-Schwein machte keinen Mucks. Minutenlang.

Endlich entfernte sich Gunnar. Allerdings trat er nicht den Rückweg an, sondern marschierte schnurstracks am schmalen Ufer entlang. Direkt auf die große Mauer zu.

»Was macht er hier?«, fragte Anni mit Flüsterstimme.

»Vielleicht sucht er uns?«, fragte ich leise zurück.

»Und warum darf er uns nicht entdecken?«, fragte Lilian.

»Weil der Rotfuchs uns nicht im Zaubergarten haben will«, erklärte ich. »Er wollte uns sogar schon einmal zu Löwenfutter verarbeiten!«

»Verrückt!«, flüsterte Lilian und umklammerte sein Schwein mit beiden Armen.

Anni sagte leise: »Deshalb ist es immer gut zu wissen, was der liebe Gunnar so treibt.«

Der lange Mann tauchte gerade hinter dem Schilf ab.

»Hinterher«, schlug Anni vor.

Sie huschte als Erste geduckt am Teichufer entlang. In Unterhose. Aber gut. Wir anderen kauerten nur Augenblicke später neben ihr im Schilf. Mit Blick auf die Mauer.

Nicht weit von uns stand der Rotfuchs. Er hatte das Efeu beiseitegeschoben und starrte auf den Graben, den Anni erst gestern gebuddelt hatte. Wegen Susi.

»War das die Saubande?«, hörte ich ihn fragen.

Anni kicherte. »Er befragt sich schon selbst!«, wisperte sie.

»Pscht!«, machte ich.

Wieder schaute der große Mann sich um. Wir duckten uns ins Schilf.

»Tsss!«, zischte Gunnar und zog einen riiiesigen schwarzen Schlüssel aus der Hosentasche. Ich hielt die Luft an. Vor lauter Spannung. Denn Gunnar steckte den Schlüssel in die Holztür und drehte ihn um. Und dann verschwand er in der Mauer. Wenig später baumelten die Efeuranken über der Türöffnung, und es war nichts mehr zu sehen.

»Wie vom Erdboden verschluckt«, bemerkte Anni und schlüpfte in ihren zerknitterten Rock.

»Was ist wohl hinter dieser Tür?«, fragte Lilian.

Tja.

»Im Moment können wir nichts machen«, sagte ich. »Lasst uns verschwinden. Bevor Gunnar wieder auftaucht. Und uns entdeckt.«

Sehr, sehr leise traten wir den Rückzug an. Nur wenig später tauchten wir mit Rupert und Susi in den schützenden Dschungel ein und düsten in Richtung Hexenhaus davon.

Ein ungebetener Gast

Die beiden Häuschen standen verlassen in der Sommersonne. Kein Herr Bovist und keine Emilia weit und breit. Wir tranken etwas Limonade. Und lasen uns aus dem gelben Regelheft vom Kreis vor. Als Ablenkung. Von Gunnar und der Holztür.

»So eine komische Sprache«, sagte Anni nach dem ersten Satz.

»Total schwierig«, meinte auch Lilian. »*Wer sich an die Gebote nicht vermag zu halten, der obliegt einer tiefgründigen Überprüfung der Mitglieder des Kreisausschusses.*«

»Hilft ja alles nichts!«, antwortete ich. »Wir *müssen* die Regeln können. Und vor allem *müssen* wir die Prüfung bestehen!«

Also lasen wir weiter. Und erklärten uns die Sätze ge-

genseitig. Bis wir sie kapierten. Sehr, sehr anstrengend war das.

»Mein Kopf raucht bestimmt schon, oder?«, fragte Anni nach dem ersten Kapitel.

Ich blätterte im gelben Heft. Es fehlten noch viele, viele Seiten.

»Wir müssen noch so viel lernen«, sagte ich. »Jeder liest heute Abend vor dem Schlafengehen das nächste Kapitel für sich! Damit wir bis Freitag durch sind. Es ist wichtig!«

»So machen wir's«, sagte Anni und klappte ihr Heft zu.

»Zeigt ihr mir den Schuppen?«, fragte Lilian. »Herr Bovist hat mir von eurem Geheimversteck erzählt.«

»Klar«, rief Anni. »Wir zeigen dir den Mauerübergang. Und den Schuppen. In dem übernachten wir die nächsten Tage auch. Dann kannst du uns besuchen!«

Ich rollte mein gelbes Regelheftlein zusammen und steckte es in meinen Hosenbund. Für später.

Wir trödelten durch das Tannenwäldchen und lugten wenig später zum Gewächshaus. Gunnar kniete davor und baute etwas aus langen Latten.

»Er war ja nicht allzu lange hinter der Tür«, bemerkte Anni.

»Aber was macht er da?«, überlegte ich halblaut. »Am

Gewächshaus kann man mit Holz doch überhaupt nichts reparieren!«

Wir hockten uns kurz hinter den großen Farn und schauten dem eifrigen Gunnar beim Handwerken zu. Rupert gähnte. Susi schlief auf Lilians Schoß ein.

Nach kurzer Zeit stellte Gunnar eine Art Holzkasten auf.

»Seltsam, sehr seltsam«, raunte ich.

»Lass uns zum Schuppen gehen«, raunte Anni zurück. »Bevor es mir wie Susi geht und ich schlafend in den Farn kippe.«

Ich hätte ja gerne noch herausgefunden, was der schlaue Fuchs da trieb. Aber weil Lilian, Anni und Susi schon geduckt in den Dschungel eintauchten, wisperte ich Rupert zu: »Wir müssen Gunnar im Auge behalten! Und wenn er irgendetwas Verbotenes tut, finden wir das raus.« Dann folgten der Hund und ich den anderen ins dichte Grün.

»Tadaaa!«, machte Anni wenig später an der großen Mauer und zeigte auf die lange Holzleiter. »Unser streng geheimer Übergang.«

Rupert guckte mich mit traurigem Hundeblick an. »Dich können wir leider nicht mitnehmen«, sagte ich und streichelte seinen Kinnbart zum Abschied. »Du bist eindeutig zu schwer.«

»Aber du kannst zum Gewächshaus laufen, Rupert«, schlug Anni dem grauen Hund vor. »Gunnar im Blick behalten.«

Das war eine prima Idee. Und der brave Rupert drehte sich um und verschwand zwischen den Bäumen.

Geschwind kletterte ich auf die Mauer. Lilian folgte mit Susi auf dem Arm. Anni bildete das Schlusslicht. Auf der anderen Seite rutschten wir blitzschnell auf der Leiter in den Garten von Oma und Opa.

Und gerade als Anni als Letzte neben dem Schuppen landete, hörte ich es: ein lautes Schluchzen.

»Pscht!«, machte ich und legte den Finger auf die Lippen. Wieder lauschte ich. Ganz klar. Ein lautes Weinen. Es kam aus dem Schuppen!

Anni riss ihre blauen Augen auf. Und zeigte auf die Leiter. Ich verstand sofort. Leise, leise packten wir das lange Holzungetüm und schoben und drückten es hinter die Büsche neben unserem Geheimversteck.

Lilian stand schon am kleinen Schuppenfenster und linste durch die Scheibe. »Ein Mädchen«, flüsterte er uns zu. »Schon älter. Sie heult!«

Ich ging direkt zur Schuppentür und zog sie mit Schwung auf.

Meine Schwester Leni zuckte zusammen. Sie kauerte auf einer der Matratzen und hatte sich meinen Schlafsack um die Schultern gelegt. Aus verquollenen Augen starrte sie mich an.

»Was ist los?«, fragte ich Leni. Sie ist schon vierzehn. Und ich finde ja, dass sie für das Alter noch ganz schön oft heult. Und schreit. Und wütet.

»Ein Pubertier muss wüten und kreischen«, sagt Mama immer, wenn der Rest der Familie sich über Leni aufregt.

»Hast du Ärger mit Mama?«, fragte ich jetzt. »Oder mit Papa?« Mit denen hatte Leni in letzter Zeit öfters Krach. Aber meine Schwester schüttelte den Kopf. Und wischte sich die Nase an meinem Schlafsack ab. Das fand ich nicht so gut. Deshalb zerrte ich am roten Stoff.

»Amanda ist eine doofe Kuh«, sagte Leni zwischen vielen kleinen Schluchzern. »Eine doofe Kotzkuh!«

Aha. Amanda, die Neue. Die mit dem Pool.

»Warum?«, fragte Anni, die sich neben mich in die Türöffnung gequetscht hatte.

»Alle Jungs finden sie megatoll«, rief Leni mit Kreischstimme. »Und Tim hat was Fieses über mich gesagt. Amanda hat gelacht. *Alle* haben gelacht. Tim ist sooo gemein!« Sie heulte auf wie ein Seehund in Not. Anni und ich starrten auf die wimperntuscheverschmierte Leni.

Tim ist in Lenis Clique. Und Leni und Tim telefonieren gaaanz viel. Wenn ich mal telefonieren will, muss ich immer stundenlang warten.

Plötzlich hatte ich eine Ahnung von Lenis Kummer.

»Du liebst Tim. Und eigentlich liebt Tim dich. Aber die neue Amanda hat einen Pool. Und das ist megacool«, fasste ich meine Idee zusammen.

»Sie wohnt in einer riesigen Villa«, rief Leni. »Mit einem riesigen Pool in einem riesigen Garten.«

»Boah«, machte Anni.

»Wahrscheinlich hat Amanda langes, güldenes Seidenhaar und einen Glitzerbikini?«, fragte ich meine Schwester interessiert. Aber die konnte vor lauter Schluchzen nicht mehr antworten. Also fingerte ich erst einmal ein Melonenkaugummi aus meiner Hosentasche. Melonenkaugummi hilft immer bei Aufregung. Und bei Kummer auch.

»Danke«, sagte Leni schniefend. Und kaute. »Ich gehe nicht mehr zu Amanda. Und mit Tim rede ich *nie mehr* auch nur *ein* Wort.«

»Aber deine ganze Clique will doch die Sommerferien an Amandas Pool verbringen«, sagte ich. »Da wird dir ja stinkelangweilig. So allein. In deinem Zimmer!«

»Kiiinder!«, rief eine fröhliche Stimme hinter uns. Mit einem Ruck drehten wir uns alle um. Zwischen den Sträuchern erschien Mama. Sie schleppte einen großen Korb. Und hinter ihr tauchte jetzt auch noch Oma auf.

»Wir bringen euch das Abendessen!«, verkündete Oma, als sie bei uns am Schuppen standen.

»Und wer bist du?«, fragte Mama im nächsten Moment Lilian. Auch Oma guckte interessiert.

Aber dann entdeckten sie glücklicherweise die verheulte und rotznasige Leni. Vor lauter Sorge vergaßen sie alles um sich rum und stürzten in den Schuppen. Da war es jetzt ganz schön eng. Deshalb guckten Anni und ich erst einmal in den Picknickkorb. Rappelvoll war der. Mit tausend leckeren Sachen. Sogar hart gekochte Eier konnte ich entdecken. Und ich liiieeebe hart gekochte Eier.

»Jetzt kommst du erst einmal mit nach Hause«, hörte ich Mama im Schuppen sagen. »Wir bekommen gleich Besuch von Götzens. Sie bringen den Ludwig mit. Da bist du abgelenkt.«

»Auf keinen Fall«, brüllte Leni. »Wenn ich den Ludwig ertragen muss, kann ich mich ja gleich verbuddeln. Ich bleibe im Schuppen. Und ich schlafe hier. Genau!«

Mit einem Satz war ich an der Schuppentür. »Anni und ich schlafen schon im Schuppen«, erklärte ich meiner Schwester. »Mehr Leute passen da wirklich nicht rein.«

Leni schluchzte wieder. »Selbst Mama und Oma passen mit mir in den Schuppen.«

»Das stimmt«, sagte Mama auf der Matratze.

Ich guckte finster. Leni sagte leise: »Bitte! Ich will nicht

allein in meinem Zimmer schlafen. Und den Ludwig ertrag ich heute wirklich nicht!«

»Na gut«, sagte ich schließlich. »Aber nur eine Nacht!«

Endlich machten Oma und Mama sich auf den Heimweg. Weil ja Götzens zum Essen kommen wollten. Leni kraulte Susi und starrte an die Schuppendecke.

»Ich muss langsam zurück in den Zaubergarten«, raunte mir Lilian ins Ohr. »Herr Bovist sucht mich bestimmt schon!«

Mist!

»Den Mauerübergang kannst du nicht benutzen«, flüsterte ich zurück. »Leni weiß nichts vom Zaubergarten.«

Und sie durfte auf keinen Fall etwas davon mitbekommen. Weil Opa uns streng verboten hatte, auch nur über die Mauer zu *gucken*.

»Na prima!«, sagte Lilian und zog an einer seiner Haarlocken.

Die Ideenmurmeln flitzten durch meinen Kopf.

»Wo ist eigentlich die Strickleiter geblieben?«, fragte Anni leise.

»Du bist die Beste!«, rief ich freudig und etwas zu laut.

Bei unserem letzten Abenteuer hatte Papa am Schuppen das Efeu bekämpft. Und Anni und ich hatten mit der Strickleiter meiner Brüder einen neuen Mauerübergang eröffnen müssen.

»Ich hatte die Strickleiter in Opas Garage gelegt«, erzählte ich Anni und Lilian, während wir auch schon über die Obstbaumwiese galoppierten. »Weil Papa das Gestrüpp ja an der kompletten Mauer schneiden musste. Da hätte er die Strickleiter noch entdeckt.«

Aber in der Garage fanden wir keine Strickleiter. Sosehr wir auch suchten.

»Bestimmt haben Finn und Jonas die Leiter genommen«, sagte ich und fluchte übelst. »Du musst das große Eisentor von Herrn Bovist benutzen. Neben dem Tor hängt ein Kästchen mit Zahlentasten. Wie bei einem Telefon. Da gibst du einen Zahlencode ein, und das Tor öffnet sich.«

Ich lieh mir einen Kuli von Oma. Damit schrieb ich die vierstellige Nummer auf Lilians Handrücken. »Anni und ich dürfen das Tor nur im Notfall benutzen. Weil keiner sehen soll, dass wir Herrn Bovists Garten betreten. Aber dich kennt Tante Ilse ja nicht.«

Tante Ilse und ihr Dackel Floh haben ihre Augen einfach überall. Sie passen auf, dass sich keine Diebe und

Halunken im Viertel herumtreiben. Wie ein Gauner sah Lilian zwar nicht gerade aus. Aber sicher ist sicher.

Anni und ich begleiteten Lilian und Susi noch zum seitlichen Gartentor. Dort winkten wir den beiden hinterher, bis sie um die Kurve verschwunden waren.

Zurück am Schuppen, lockten wir Leni ins Freie und breiteten das Picknick im Gras aus. So lecker war das. Und so gemütlich. Leni vergaß sogar für kurze Zeit ihr großes Unglück.

Nach dem Essen putzten wir mit Hilfe eines Wasserkanisters die Zähne. Und machten Pipi im Gebüsch. Wie echte Wildcamper. Eine Eule huhute im Baum.

Im Schein der Stirnlampe schrieb ich vor dem Schlafengehen in mein Pflanzentagebuch:

Montag, 7. Juli

Anni und ich sind im Schuppencamp eingezogen. Wir haben einen Gast: Leni. Sie darf aber nur eine Nacht bleiben. Weil wir sonst nicht ungesehen in den Zaubergarten kommen. Und dann ist unser Geheimnis in Gefahr. Und unsere Prüfungsvorbereitung auch.

Morgen blühen hoffentlich die Zauberblumen.

Die Pflänzchen sehen schon prächtig aus. Auch die neue Unsichtbarkeitspflanze steht stark und aufrecht auf ihrem Erdhügel. Wir haben alle Blumen mit Stinkemist versorgt. Es darf einfach nichts schiefgehen. Denn am Freitag ist unsere PRÜFUNG!

»Was schreibst du da?«, fragte Leni.

»Nichts Besonderes«, sagte ich seufzend und schob mein Tagebuch unter die Matratze. Dort lag auch schon das gelbe Kreisheft. Lesen konnte ich jetzt nicht darin. Wegen der neugierigen Leni.

Aber morgen war ja auch noch ein Tag. Und auf den freute ich mich mächtig. Also kuschelte ich mich an meine große Schwester und schlief ruck, zuck ein.

Am nächsten Morgen wurde ich durch ein »Huhuuu« geweckt. Verschlafen spitzte ich die Ohren. Da war es noch mal: »Huhuuu!«

Leni und Anni regten sich nicht. Vorsichtig krabbelte ich über die Matratze und öffnete die Schuppentür. Gleißend helles Sonnenlicht blendete meine schlafverklebten Augen.

»Na endlich«, hörte ich eine Stimme. Sie kam von der Mauer. Schnell drehte ich mich um. Und da oben stand Lilian. Um seinen Hals hing ein großer schwarzer Müllsack. So hatte ich immer meine Kindergartentasche getragen.

»Was machst du da?«, fragte ich leise und schielte in den Schuppen. Leni räkelte sich. Und gähnte.

Lilian breitete seine Arme aus und stieß sich von der Mauer ab. Elegant flog er einen Bogen. Wie ein Papierflieger glitt er über die Büsche hinweg. Der schwarze Sack baumelte unter ihm wie ein Uhrenpendel. Nur die Landung neben mir auf dem kleinen Wiesenstück war dann kein bisschen elegant. Und als er sich taumelnd an mir festhielt, kippten wir beide um.

»Landungen muss ich noch üben«, erklärte Lilian und strahlte mit der Sommersonne um die Wette. »Aber der Flugzauber wirkt einwandfrei!«

»Pscht«, machte ich und zeigte zur Schuppentür. »Leni ist doch da drin. Sie weiß nichts von den Zauberblumen. Und so soll es auch bleiben.«

Lilian rappelte sich auf und rieb sich sein Hinterteil. »Mein armer Po!«

»Sei froh, dass du nicht auf dem Sack gelandet bist«, stellte ich fest. »Was ist denn da drin?«

»Palimpalim!«, machte der Junge und ließ die schwarze Plastikhülle fallen. Zum Vorschein kam ein Blumentopf. An einem dünnen Stiel hingen mehrere orangefarbene Blüten wie kleine Glocken.

»Die Flugblume!«, hauchte ich.

Lilian grinste. »Ihr müsst ja wohl irgendwie über die Mauer«, sagte er. »Und durch Lenis Schuppenbesetzung

ist das ohne Zauber etwas schwierig, oder? Also musste der Zauber zu euch kommen.«

»Du bist unsere Rettung«, sagte ich feierlich.

»Na ja«, sagte Lilian und guckte verlegen. »Die Zauberblume pflanzen wir nachher wieder im Gewächshaus ein. Keinem wird auffallen, dass sie jemals ihren Erdhügel verlassen hat.«

Im Schuppen rumpelte es.

»Ich muss die Blume verstecken«, raunte ich und schnappte mir die Tüte mit der Flugpflanze.

Lilian breitete seine Arme aus und hob ab. »Beeilt euch etwas«, rief er mir noch leise zu. »Wir haben viel vor!«

Dann brauste er in einem Affenzahn über die Mauer und die Baumwipfel hinweg und war nicht mehr zu sehen.

Ich stellte den Müllsack hinter einen Busch neben dem Schuppen.

»Was machst du da?«, fragte die gähnende Leni in der Schuppentür.

»Nix«, sagte ich. »Lass uns Anni wecken und frühstücken gehen. Oma wartet bestimmt schon!«

Beim Frühstück in Omas Küche fragte ich meine Schwester: »Was machst du heute?«

Ihr Blick verdüsterte sich augenblicklich. »Ich bleibe die ganzen Ferien im Schuppen«, sagte sie. »Genau!«

»Was?«, fragte ich entsetzt. »Das ist *unser* Schuppencamp! Und überhaupt: Tim und die anderen aus der Clique vermissen dich bestimmt schon!«

»Pah«, machte Leni. »Tim und die anderen haben nur Amanda im Kopf. Und ihren Pool und die Poolparty am Freitag.« Ihr Blick wurde wieder wässrig. »Außerdem ist das genauso *mein* Schuppen. Er gehört allen Kannegießer-Kindern.«

Oma streichelte über Lenis zerzausten Kopf. »Natürlich ist es auch dein Schuppen«, sagte sie mit tröstender Stimme. »Und heute kommen Opa und ich schon gegen drei Uhr mit einem leckeren Kirschkuchen zum Schuppen. Der wird dich aufmuntern. Eure Eltern habe ich auch eingeladen. Das wird schön!«

»So früh schon?«, fragte ich entgeistert. Da hatten wir ja kaum Zeit im Zaubergarten. Anni und ich mussten über die Mauer. Und zwar flott.

Leni starrte jetzt auf Annis Klauen. »Wenn wir alle im Schuppen sind, kann ich dir auch mal deine Meganägel lackieren.«

»Vielleicht auch ein Stück schneiden?«, fragte Opa.

»Wie auch immer«, sagte ich schnell. »Anni und ich gehen schon mal zum Schuppen. Wir haben heute viel vor.« Und Leni fragte ich: »Du willst ja bestimmt noch ins Bad? So wie du aussiehst?«

Aber das wollte die strubbelige Leni kein bisschen.

»Ich komme mit«, sagte sie und stand auf. Obwohl sie normalerweise Stunden im Bad verbringt. Um sich hübsch zu machen. Und ihre Pickel abzudecken. Jetzt trottete meine große Schwester wie eine Klette hinter uns her ins Schuppencamp.

»Leni muss sich wieder mit Tim vertragen«, raunte ich Anni ins Ohr. »Und zurück zu ihrer Clique. Und zwar zackig. Wir brauchen das Schuppencamp für uns allein.«

Beim Schuppen angekommen, warf meine Schwester sich auf die Matratze und steckte die Ohrstöpsel ihres Handys in die Ohren. Schon wippten ihre Füße im Takt der Musik. Das war jetzt mal Glück am Stück.

»Komm mit!«, sagte ich leise zu Anni und zog sie zum Gebüsch. Ganz vorsichtig zerrte ich den Müllsack mit der Flugblume hervor. Immer wieder guckte ich zum Schuppen. Aber da wippten nur Lenis Füße.

Sekunden später flitzte ich mit Anni an der einen Hand und dem Müllbeutel in der anderen den seitlichen Gartenpfad entlang. Erst hinter den Brombeerhecken blieb ich stehen. Und erzählte Anni von Lilians Besuch am Morgen.

»Toll!«, rief Anni und schnappte sich den Müllsack. »Auf geht's zu Herrn Bovist.«

Ruck, zuck öffnete meine Freundin den Sack. Sie packte eine der Blüten mit ihren langen Krallen und steckte ihre Nase in ein orangefarbenes Glöckchen. »Und jetzt du!«, sagte sie und hielt mir die Pflanze hin. Ein süßer Duft waberte in meine Nase, als ich einen tiefen Atemzug nahm. Ein wohlig warmes Kribbeln wuselte von meinen Füßen bis hoch zur Kopfhaut. Ganz leicht fühlte ich mich. Wie eine Feder.

Anni hängte sich den Sack um den Hals. Dann streckte sie die Arme aus und stieß sich ab.

»Juchheee!«, machte sie. Flatternd stieg sie auf. Der Müllsack baumelte unter ihr wie die Beute eines Raubvogels.

»Pscht!«, machte ich. Dann bewegte auch ich meine Arme wie riesengroße Vogelschwingen. Höher und höher stieg ich. Schon konnte ich den Schuppen von oben sehen. Und Lenis wippende Füße.

»Juchhe!«, machte Anni nochmals. Sie umrundete in einer eleganten Linkskurve eine dünne Tannenspitze. Und bog dann ab in Richtung Dschungel. Auf und ab bewegte sie die Arme, auf und ab. Die langen schwarzen Haare flatterten hinter ihr her und glänzten im Sonnenlicht mit dem Müllsack um die Wette. Kurz schloss ich die Augen. Durch meinen Bauch wuselten tausend freudige Ameisen. Weil es überhaupt kein schöneres Gefühl gibt, als durch die Luft zu segeln. Wie ein Vogel. Mit eigener Körperkraft. Unglaublich! Echt!

Der Dschungel wirkte aus der Vogelperspektive sehr, sehr dicht und grün und undurchdringlich.

Bald konnte ich das Dach des Glashauses zwischen dem Grün funkeln sehen. Dann kam das ganze Gewächshaus in Sicht.

Doch was war das? Da standen drei Gestalten auf der Lichtung.

»Achtung!«, rief ich Anni zu. Doch es war schon zu spät. Eine der Personen streckte gerade einen Arm aus und zeigte zu uns in die Luft. Es war eindeutig Gunnar.

Sein rotes Haar leuchtete. Und neben ihm strahlte Herr Bovists Zuckerwattenhaar schneeweiß.

»Aus dem Weg«, rief meine Freundin. »Landeanflug!«

Ich landete auf meinen Füßen. Anni leider nicht. Sie knallte mit Karacho auf den schwarzen Müllsack und begrub ihn unter sich.

»Der Blumenzauber soll nur im Notfall genutzt werden«, sagte Gunnar und fauchte dabei wie ein tollwütiger Fuchs. »Das ist die erste Lektion in der Kreisverordnung.«

Herr Bovist nickte. »Da hat Gunnar natürlich recht.«

»Die Kinder benutzen die Kraft der Zauberblumen, um Unsinn zu treiben«, fuhr Gunnar fort. Er war jetzt in Fahrt, das sah ich genau. »Sie fliegen kreischend herum. Hoffentlich hat sie keiner bemerkt. Die Folgen wären katastrophal!«

»Aber wir haben einen Notfall!«, rief ich schnell. »Meine Schwester Leni besetzt den Schuppen. Wir konnten nicht unseren normalen Übergang benutzen. Deshalb brauchten wir die Hilfe der Flugblume. Echt und ungelogen!«

»So, so!«, sagte Herr Bovist und strich sich die zauseligen Haare glatt. »Das ist in der Tat ungünstig.«

»So ein Mist!«, rief in dem Moment Anni. Sie hatte den

Blumentopf aus dem Müllsack gezogen. Die Flugblume hing abgeknickt über den Topfrand. Sehr, sehr traurig sah das aus.

»Ein Plastiksack eignet sich nicht wirklich als Transportmittel für eine wertvolle Zauberblume«, tönte Gunnars Meckerstimme. »Das ist ja wohl klar!«

Ich durchbohrte ihn mit meinem finstersten Blick. Leider fiel Gunnar davon nicht um.

»Pflückt die Blütenblätter«, sagte Herr Bovist. »Ihr könnt noch eine Essenz aus ihnen erstellen.« Er schaute uns Kinder der Reihe nach an: »Ich möchte, dass ihr euch auf die Prüfung am Freitag konzentriert. Auf nichts sonst! Das ist sehr, sehr wichtig!«

»Klar wie Klößchenbrühe«, sagte Anni.

Lilian und ich nickten heftig.

Aber Herr Bovist hatte sich schon umgedreht und war ins Gewächshaus getreten. Und da sah ich sie: die Unsichtbarkeitsblume. Wunder-, wunderschön stand sie auf ihrem Erdhügel. Ihr schlanker Stängel war leicht geschwungen. Elegant wie ein Schwanenhals sah er aus. Kein einziges Haar wuchs daran. Und ihre riesige Blüte leuchtete in allen erdenklichen Blautönen. Zur Blütenmitte hin ging das Blau sogar in Lila über. Und was war das? Ich trat an den Erdhügel heran und nahm die prächtige Blüte vorsichtig zwischen meine Hände. Die Antennen in der Blütenmitte leuchteten nicht Grün, sondern Pink!

»Wie wunder-, wunderschön du bist«, sagte ich ihr ins hübsche Gesicht. »Du siehst aus wie eine Prinzessin in ihrem Ballkleid!«

Herr Bovist lachte. »Du hast recht. Das ist ein ganz besonders prächtiges Exemplar!«

»Ich nenne sie Milla«, erklärte ich feierlich. »Prinzessin Milla!« Eine Prinzessin mit diesem majestätischen Namen hatte ich schon einmal in einem Film gesehen.

»Kommt alle her!«, rief Herr Bovist nun und klatschte in die Hände.

Wir stellten uns vor den Erdhügeln auf. Und bestaunten die Zauberblumen. Alle hatten prächtige Blüten. Die Bärenstarkblume strahlte in Gelb und Weiß. Die Spinnenpflanze glänzte in samtigem Schwarzviolett. Manche Blumen kannte ich noch nicht. Das mussten die Blumen mit Tiereigenschaften sein, die Lilian für seinen Zauber brauchte. Prinzessin Milla war natürlich die Allerschönste.

Herr Bovist kratzte sich am Kopf: »Ihr habt aber viele Blumen gepflanzt!«, stellte er fest. »Und manche scheinen mir nicht so wichtig, als dass sie in euer Notfallsäckchen gehörten! Hierbei handelt es sich doch um die Pflanze, die einem am ganzen Körper ein prächtiges Haarkleid beschert, nicht wahr?«

Lilian nickte. »Ich habe ein paar Zauberblumen gepflanzt, die ich zu Forschungszwecken brauche.«

»So, so«, machte Herr Bovist und guckte erstaunt. »Nun gut. Man kann nicht früh genug mit der Forschung beginnen, mein Junge. In welche Richtung gehen deine Versuche denn?«

Lilian schaute sich um. Sein Blick fiel auf Gunnar, der an der Gewächshaustür stand und uns beobachtete. »Das kann ich noch nicht verraten«, sagte er leise. »Ich möchte bei der Prüfung meine Mama überraschen. Und Oma Emilia natürlich auch!«

»Phantastisch!«, sagte Herr Bovist und rieb sich die Hände. »Die Mitglieder der Familie Knöterich waren schon immer großartige Blumenzüchter!«

Lilian nickte. Richtig, richtig glücklich sah er aus.

»Aber nun zu der heutigen Tagesaufgabe: das Erstellen der Zauberblumenessenz«, wechselte Herr Bovist das Thema. »Welche Teile der Blume benötigt ihr?«

Das war einfach. »Die Blütenblätter«, rief ich.

»Das ist richtig«, sagte der Zauberblumenmeister. »Und woran erkennen wir, ob die Blütenblätter schon alle Zauberkraft in sich tragen?«

Hmmm.

Also erklärte unser Pflanzenlehrer: »Erst wenn sich die Blütenblätter schon durch eine leichte Berührung von der Blütenmitte lösen lassen, sind sie reif für die Ernte. Zu diesem Zeitpunkt steckt die meiste Kraft darin.«

»Wir dürfen die Blütenblätter also nicht zu früh rausreißen«, fasste Anni zusammen.

Gunnar meldete sich von seinem Posten an der Tür. »Die Kinder bekommen aber ganz schön viele Tipps«, sagte er. »Ist das zulässig?«

Oh, dieser nervige Gunnar.

»Lieber Gunnar«, antwortete Herr Bovist mit ruhiger Stimme, »wie weit sind denn die Reparaturarbeiten an meinem Gewächshaus vorangeschritten?«

Grummelnd machte sich Gunnar an seinem Werkzeugkasten zu schaffen. Und wir Zauberblumenlehrlinge testeten, welche Blüten bereit waren für die Ernte.

»Die Blütenblätter sitzen bei allen Blumen noch total fest«, sagte Anni.

Herr Bovist nickte. Und sagte leise: »Die Blüten ha-

ben sich erst heute bei Sonnenaufgang geöffnet. Deshalb steckt die gesamte Zauberkraft noch in der Blütenmitte. Mit jedem weiteren Tag verlagert sie sich nach außen in die Blütenblätter.«

»Wir können heute also noch keine Essenz herstellen?«, fragte Anni und guckte enttäuscht.

»Schnappt euch den Teller mit den Glockenblumen«, sagte Herr Bovist. »Und dann ab an die Arbeit.«

Anni beugte sich zu mir und raunte: »Es ist also gar nicht sooo schlimm, dass ich auf den Sack geknallt bin.«

Dann hüpfte sie fröhlich mit Lilian und Susi über die Maulwurfshügel davon in Richtung Tannenwäldchen.

Zauberlehrlinge

Ich hatte noch eine dringende Frage an Herrn Bovist. Deshalb schlenderte ich mit dem alten Mann und Rupert langsam hinter den anderen her.

»Du, Herr Bovist, gibt es zufällig eine Zauberblume, die die Liebe zwischen zwei Menschen wieder repariert?«, fragte ich.

Herr Bovist guckte erstaunt. »Bist du verliebt?«

»Nein, nein«, sagte ich etwas verlegen. »Lenis Herz hat vor lauter Liebeskummer einen Riss bekommen. Und wir müssen es unbedingt wieder heile machen. Leni ist in Tim verliebt. Und Tim eigentlich auch in Leni. Aber jetzt gibt es plötzlich eine Amanda, und alles ist durcheinandergeraten. Und Leni sitzt unglücklich im Schuppen.«

»Eine solche Zauberpflanze gibt es in der Tat«, sagte

Herr Bovist. »Man nennt sie die Herzblume. Sie ist eine etwas schwierige Pflanze. Denn nicht in jeder der Blüten findest du eine Liebesperle.«

»Eine Liebesperle?«, hauchte ich atemlos.

Herr Bovist lachte. »Ja, eine Liebesperle. Nimmt ein Lebewesen diese Perle zu sich, ist sein Herz von Liebe durchtränkt!«

»Ich brauche so eine Liebesperle«, erklärte ich. »Unbedingt! Zum Helfen!«

Herr Bovist seufzte. »Liebes Kind, die Anwendung ist nicht ohne. Und eigentlich sollte man sich nicht in Liebesangelegenheiten einmischen. Dabei kann zu viel schiefgehen. Und Gefühle können noch mehr verletzt werden.«

»Aber Leni und Tim brauchen nur einen kleinen Hilfeschups«, sagte ich verzweifelt.

»Wenn Emilia erfährt, dass ich dir den Samen einer Herzblume gebe, ist der Teufel los«, sagte Herr Bovist und strich sich ein paarmal über die Sturmfrisur. »Du findest bestimmt eine andere Lösung für den Liebeskummer deiner Schwester!«

Da war ich mir leider nicht so sicher.

Am Tannenwäldchenrand drehte ich mich noch einmal um. Gunnar zog gerade das Holzgestell aus dem Gebüsch. Es war noch viel größer als am Vortag. Jetzt lief er ein paarmal drum herum und kratzte sich den Schädel. Was baute er da? Plötzlich blickte er auf. Und starrte mir direkt in die Augen. Ich erschrak fürchterlich. Weil er mich ertappt hatte. Und weil sein Blick so finster war.

»Ich behalte dich im Blick, Rotfuchs!«, raunte ich, als ich hurtig hinter Herrn Bovist in das Tannenwäldchen eintauchte.

Auf der Treppe vor dem Hexenhaus saß Emilia. Als sie uns erblickte, hob sie einen Karton in die Höhe und rief uns fröhlich zu: »Ich habe euch eine tolle Überraschung mitgebracht!«

Neugierig versammelten wir uns um den Küchentisch. Die kleine Frau im grünen Overall zog ein silbrig glänzendes Gerät aus der Schachtel.

»Jetzt passt mal auf«, sagte sie. »Dies ist ein elektrisches Destilliergerät.« Emilia wickelte das lange Kabel auseinander. Sie reichte den Stecker an Lilian weiter. Der stöpselte ihn in die Steckdose neben der Tür.

Herr Bovist kratzte sich am Kopf. »Was hast du gegen meinen Bunsenbrenner?«, fragte er.

»Wir können die Kinder ja wohl kaum allein am offenen Feuer hantieren lassen«, antwortete Emilia mit energischer Stimme. »Dieses Gerät funktioniert wie ein Wasserkocher. Die Flüssigkeit kommt mitsamt den Blüten in den runden Behälter. Deckel drauf, Wassertemperatur einstellen und abwarten, bis die Flüssigkeit kocht. Sobald sich Wasserdampf bildet und am Deckel absetzt, fließen die Tröpfchen durch diesen Schlauch in den zweiten Behälter. Es kann überhaupt nichts schiefgehen!«

Toll!

»Mmmh!«, machte Herr Bovist.

Aber Emilia schob uns Kindern schon das ganze Zubehör hin.

»Wie ihr eine Essenz herstellt, wisst ihr, nicht wahr?«, fragte Emilia in die Runde.

Anni, Lilian und ich nickten.

Herr Bovist legte ein dünnes, blaues Heftchen auf den Tisch. Es kam mir sehr bekannt vor. »Selbstverständlich könnt ihr bei Unsicherheiten auch in der Anleitung nachlesen. Oder mich fragen.«

Er zwinkerte uns zu.

»Die Kinder müssen die Prüfungsvorbereitungen allein

schaffen, Konrad«, sagte Emilia mit strengem Blick. »Das weißt du doch. Ich bin zudem froh, dass Lilian hier bei dir im Zaubergarten endlich einmal ungestört und frei mit den Zauberblumen hantieren kann. Ohne dass seine Mutter die ganze Zeit um ihn herumgluckt!«

Herr Bovist seufzte. »Du hast natürlich recht, liebe Emilia«, sagte er. »Aber ein paar kleine Tipps am Rande werden doch erlaubt sein, meinst du nicht?«

»Papperlapapp!«, sagte Emilia und zog Herrn Bovist ins Freie.

Wir Zauberlehrlinge hatten während des Gesprächs schon mit der Arbeit begonnen. Die richtige Menge Wasser schwamm im Kolben herum. Anni bohrte mit ihren Krallen tiefe Löcher in eine Zitrone und quetschte sie über dem Gefäß aus. Lilian ließ Pfefferkörner in die Brühe rieseln. Und ich zerrupfte die hübschen Glockenblüten der Flugblume in winzig kleine, orangefarbene Fetzen. Das war ja etwas schade. Aber gut.

Lilian kippte die gesamte Suppe vorsichtig in das Gerät. Dann schloss er den Deckel und drückte auf den roten Knopf. Sehr einfach war das. Wir hörten es blubbern. Und zischen. Ewig lang. Lilian gähnte. Anni spiegelte ihre Klauen im silbern glänzenden Gerät. Und ich las den beiden aus Lilians gelbem Kreisheft vor.

»Daha!«, erschreckte mich Anni. »Ein Tröpfchen! Im Schlauch!«

Tatsächlich. *Pling!*, landete der erste Tropfen Essenz in dem zweiten Gefäß. *Pling! Pling!*

Leider dauerte es dann aber ganz schön lange, bis die fertige Essenz vor uns auf dem Tisch stand. Da hatte ich das zweite Kapitel des gelben Heftes komplett vorgelesen.

»Puh!«, sagte Anni und streckte sich. »Jetzt füllen wir unsere Essenz in ein Fläschchen, und fertig ist der Zaubertrank!«

Sie schnappte sich eins vom schmalen Regalbrett. *Klirr!* Die erste kleine Flasche landete gleich mal auf dem Küchenboden.

»Diese doofen Krallen«, fluchte Anni. »Wie lange hält der Zauber eigentlich?«

»Keine Ahnung«, sagte Lilian. »Wahrscheinlich eine Woche? Wie fast alle Essenzen.«

Ich sagte: »Gunnar hatte einmal eine Erstarrungsessenz gebraut. Und sie in zuckrigen Bonbons versteckt. Aber *der* Zauber wirkte nur eine Stunde. Warum wohl?«

Lilian zuckte mit den Achseln. »Das werden wir bestimmt noch lernen. Nach der Prüfung!«

Ich stellte die nächste Miniflasche auf den Tisch. »Das Abfüllen erledigen lieber Lilian und ich«, schlug ich vor. »Du bist ab jetzt unsere Fachfrau fürs Buddeln, Bohren und Abwehren.«

Ich hielt den klitzekleinen Trichter, während Lilian vorsichtig die Flüssigkeit umfüllte. Und dann klebten nur noch die zermatschten und ausgekochten Blüten auf dem Boden des Destilliergerätes fest.

»Unsere erste Essenz«, sagte Lilian und hielt stolz das Fläschchen in die Höhe. »Palimpalim, alles drin!«

Und dann jubelten wir alle los. Und wir grölten immer wieder: »Palimpalim, alles drin!«

»So!«, sagte Lilian irgendwann. »Jeder nimmt jetzt einen Tropfen Flugessenz, und wir zischen über den Dschungel zur Schwimmblume. Vielleicht ist sie ja schon reif für die Ernte.«

»Wir dürfen nicht herumfliegen«, erinnerte ich ihn. »Wir sollen uns auf die Prüfung konzentrieren. Auf sonst nichts!«

Anni kratzte sich am Bauch und sagte: »Tilda, denk an unseren Notfall im Schuppen. Mit Flugessenz in uns könnten wir immer und überall in den Zaubergarten fliegen. Wie sollen wir nachher überhaupt zurück zum Schuppen kommen? Die Leiter steckt noch im Gebüsch.«

Da hatte Anni natürlich recht.

»Außerdem testen wir, ob die Flugessenz überhaupt wirkt«, bemerkte Lilian. »Das macht jeder gute Züchter so!«

»Und wir können Gunnar besser entwischen«, sagte Anni. »Da hat er es nicht so leicht mit dem Spionieren!«

»Stimmt schon«, sagte ich seufzend. »Aber wir müssen sehr vorsichtig sein. Es darf uns niemand fliegen sehen!«

Schon leckte Lilian am Flaschenrand. Und gab die Flasche an Anni weiter. Sie nahm gleich einen Schluck.

»Nicht so viel!«, sagte ich entsetzt. Schließlich brauchten wir die Essenz noch für die Prüfung!

Ich tropfte mir ein Tröpfchen Flugessenz in die Hand.

Und schleckte es ab. Sofort spürte ich das warme Kribbeln im ganzen Körper.

Lilian stellte die Essenz auf das schmale Regalbrett und sagte: »Ab die Post!«

Doch dann fiel sein Blick auf Susi vor dem Haus. Das Schwein wühlte schmatzend in der Erde herum.

»Lasst uns doch lieber laufen«, sagte er. »Susi will sich bestimmt gern im Tümpel suhlen. Schweine brauchen das.«

»Was?«, fragte Anni und starrte das Schwein an. »Ich glaube ja eher, dass deine Susi vom Fliegen träumt.«

»Von wegen fliegendes Schwein«, sagte ich schnell.

»Schweinerei«, antwortete Anni murrend.

Sie kämpfte sich dann aber doch mit uns anderen zu Fuß durch den dichten Dschungel.

»Du hast so was von Glück«, sagte ich unterwegs zu Lilian. »Ich hätte auch gerne ein Hausschwein. Aber das würden meine Eltern niemals nie erlauben!«

Sie erlaubten ja noch nicht einmal eine klitzekleine Maus.

»Mama ist auch nicht begeistert«, sagte Lilian. »Susi hat schon ihr ganzes Blumenbeet umgegraben.«

»Da würde meine Mama in Ohnmacht fallen«, stellte ich fest. Denn Mama liiiebt ihren kleinen Garten.

Als wir am Tümpel ankamen, stürzten sich beide Tiere sofort ins Wasser.

»Hinterher!«, rief Anni. »Es ist ganz schön heiß heute!«

Lilian starrte auf die hübsche Schwimmpflanze, die mitten auf dem Tümpel dümpelte.

»Ich gehe nicht ins Wasser«, sagte er. »Außer in die Badewanne.«

»Echt jetzt?«, fragte Anni.

»Ich finde Wasser furchtbar«, antwortete der Junge. »Vor allem, wenn es tief ist. Und wenn ich nicht auf den Grund schauen kann. Und wenn mein Gesicht unter Wasser kommt, ist es am allerschlimmsten. Schrecklich!«

»Deshalb brauchst *du* die Schwimmpflanze?«, fragte ich erstaunt.

Lilian nickte. »Ich muss Mama zeigen, dass ich wassertüchtig bin. Weil ich mit einem Freund in ein Ferienlager an der Ostsee fahren möchte. Und Mama sagt, wenn ich bis dahin nicht anständig und vor ihren Augen im tiefen Wasser schwimme, dann darf ich nicht mit. Oder muss die ganze Zeit mit Schwimmweste rumlaufen. Wisst ihr, wie peinlich das ist?«

»Voll peinlich«, sagte Anni.

»Eben«, meinte Lilian. »Die Schwimmpflanze könnte meine Rettung sein!«

»Na, dann teste, ob sie reif ist«, meinte Anni. »Da kannst du dich auch gleich mal ein bisschen an Wasser gewöhnen.«

»In *der* grünen Brühe?«, fragte Lilian.

»Die Farbe ist ja wohl egal«, antwortete Anni. »Wasser ist Wasser. Und dieses hier ist flach wie eine Pfütze.« Schon zog sie die Schuhe aus. Furchterregende Fußnägel kamen zum Vorschein. Schnell watete Anni ins kühle Nass.

Ich guckte Lilian an. Der starrte mit muffigem Blick aufs Wasser.

»Komm!«, sagte ich. »Das wird lustig.«

»Ich finde das nicht die Spur lustig«, sagte Lilian.

»Du bist ein mutiges Kind«, sagte ich. »Da ist so ein bisschen Wasser doch wohl ein Witz!«

Anni rief uns zu: »Was ist, kommt ihr?«

»Hast du vor nichts Angst?«, fragte Lilian mich. Seine grünen Augen guckten ganz tief in meine rein.

»Doch, klar!«, antwortete ich und streifte meine Turnschuhe ab. »Ich fürchte mich vor Zecken. Und vor dem Keller von Oma und Opa, da will ich nicht allein runter. Und ich habe Angst vor mächtigen Wirbelstürmen.« Die hatte ich schon im Fernsehen gesehen. Fürchterlich!

Plötzlich stand Anni wieder neben uns. Meine Freundin zwinkerte mir zu.

Dann nahm jede von uns eine von Lilians Händen, und wir wateten zügig ins Wasser.

»Nicht so schnell«, jammerte Lilian. »Der Grund ist total matschig! Da sind bestimmt irgendwelche Viecher drin.«

»Quatsch mit Soße«, sagte Anni. »Denk an was anderes.«

So kamen wir der rosafarbenen Tauchpflanze immer näher. Jetzt leckte das Wasser schon an meinen kurzen Shorts. Unter meinen Fußsohlen fühlte ich runde Kieselsteine. Schön war das. Und dann standen wir endlich im Halbkreis um die Blüte herum. Lang wie ein Tannenzapfen ragte sie in die Luft. Und wenn man genau hinsah, bestand die ganze große Blüte aus unzähligen kleinen Blüten!

»Du darfst natürlich zuerst riechen!«, sagte ich zu Lilian. Der seufzte wieder.

»Denk an dein Ostseecamp«, bemerkte Anni.

»Wir können ja auch alle gleichzeitig riechen«, schlug ich vor. »Ich zähle. Und auf drei nehmen wir einen tiefen Atemzug.«

Den Vorschlag fanden alle gut.

»Eins, zwei«, zählte ich, »und drei!«

Unsere Köpfe berührten sich, als wir gleichzeitig sehr, sehr tief einatmeten.

Und was soll ich sagen: Nur eine Sekunde später riss es mir die Beine hoch. Ich klatschte auf den Rücken. Und dümpelte dann wie meine gelbe Badewannengummiente auf dem Wasser.

»Aaah«, hörte ich Lilian neben mir. Ich hob den Kopf und guckte mir die beiden anderen an. Auch sie lagen auf dem Rücken im Wasser. Wie Luftmatratzen.

»Ich bekomme die Beine gar nicht unter Wasser«, rief Anni lachend. »Ich bin eine Boje!«

»Ich kann mich nicht mehr hinstellen«, kreischte Lilian und planschte hektisch mit Armen und Beinen auf die Wasseroberfläche. »Hilfe!«

»Dir kann doch überhaupt nichts passieren«, erinnerte ich ihn an die Zauberblumenwirkung. »Entspann dich!«

»Ihr seht sooo doof aus!«, rief Anni. »Echt!« Wieder lachte sie ihr dunkles Anni-Lachen. »Hohohooo!«

»Selber doof!«, rief Lilian. Und spritzte mit der Hand

Wasser in Annis Richtung. Und dann spritzten wir alle wie verrückt.

»Nicht so doll!«, kreischte Lilian. Aber er lachte dabei. Und spritzte ordentlich zurück. Mit Händen und Füßen donnerten wir auf die Wasseroberfläche. Richtige Fontänen gab es. Und kein einziges Körperteil konnte unter Wasser tauchen.

Wouuu!, machte irgendwann Rupert. Ich guckte zum Ufer. Der große graue Hund stand stocksteif da und starrte zum Waldrand.

Ruperts Nackenfell war aufgerichtet. Das verhieß nichts Gutes.

»Stopp!«, brüllte ich, weil mich gerade wieder ein Wasserschwall von Anni traf. Jetzt lagen wir alle still auf dem Wasser und starrten zu Rupert. Der knurrte.

»Das ist bestimmt schon wieder Gunnar«, raunte ich den anderen zu.

»Hat er sich hinter einem Baum versteckt?«, raunte Lilian zurück.

Als stumme Gummienten paddelten wir an den kleinen Kieselstrand. Aufstehen konnten wir ja leider nicht. Erst am Ufer schafften wir es, uns triefend aufzurappeln.

»Na, Gunnar, wieder am Spionieren?«, brüllte Anni in Richtung der Bäume.

»Saubande!«, hörte ich Gunnars Stimme genau neben mir. Vor Schreck verschluckte ich mein Melonenkaugummi.

Auch Anni und Lilian guckten erschrocken. Denn es war kein Gunnar zu *sehen*.

Aber Kies knirschte. Direkt neben uns. Und Rupert knurrte wieder tief und grollend. Der Angstbär zappelte in meinem Bauch. Und die Gedanken in meinem Kopf machten Purzelbäume.

»Abflug!«, brüllte ich schließlich.

Wie der Blitz schnappten wir unsere Schuhe. Und hoben flatternd ab. Es ist wirklich nicht einfach, mit Schuhen in den Händen zu fliegen.

»Wusste ich es doch!«, hörte ich Gunnars Stimme unter mir keifen. »Planscht im Wasser und fliegt herum. Ihr habt nur euren Spaß im Kopf. Ihr habt es nicht verdient, in den Kreis einzutreten! Schöne Zauberschüler seid ihr. Aber das werden Konrad Bovist und Emilia schon noch merken!«

Ich machte jetzt richtig Tempo. Schon zischte ich über die Baumwipfel davon.

»Beeilt euch!«, brüllte ich Lilian und Anni zu. »Ich muss Prinzessin Milla in Sicherheit bringen!«

Noch wenige Flügelschläge, dann tauchte unter mir das Glashaus auf. Ich landete als Erste direkt vor der Tür und sprintete über den Hasenzaun direkt zum kleinen Regal. Dort schnappte ich mir einen Blumentopf.

»Anni!«, rief ich meiner Freundin zu, die bei den Erdhügeln stand. »Buddel schnell Milla aus. Gunnar hat an ihr gerochen. Sie muss hier weg. Beeil dich!«

Schon kniete Anni vor dem Vulkan und schaufelte, dass die Erde nur so in alle Richtungen flog. Endlich konnte ich die schöne Prinzessin in den Topf stecken und die Erde festdrücken.

»Warum spioniert Gunnar uns dauernd hinterher?«, fragte Lilian.

»Er will immer noch Herrn Bovists Nachfolger werden«, antwortete ich. »Auf Teufel komm raus!«

»Und das kann inzwischen nur noch klappen«, ergänzte Anni, »wenn Tilda und ich es *nicht* in den Kreis schaffen.«

Ich hatte im Regal eine Stofftasche entdeckt. Ihre Henkel waren sehr lang. Perfekt. Vorsichtig steckte ich die Zauberblume hinein.

»Wohin bringen wir sie?«, fragte Anni und wischte sich die erdigen Hände am Rock ab.

»Erst einmal raus aus dem Zaubergarten«, sagte ich leise

und guckte mich um. »Wer weiß, ob der Rotfuchs gerade schon hier rumschleicht. So unsichtbar!«

Lilian flüsterte zurück: »Ich bleibe hier. Ich muss Susi holen. Die hab ich in der Aufregung am Teich vergessen!«

Ich nickte. »Und wir bringen Prinzessin Milla in Omas Gästezimmer. Da ist sie sicher«, wisperte ich mit der leisesten Flüsterstimme, die möglich war.

Gesagt, getan. Lilian verschwand zu Fuß im Gebüsch in Richtung Tümpel. Und Anni und ich schnupperten an Millas pinken Antennen. *Plöpp!* Unsichtbar.

Schnurstracks und piepsend flogen wir bis zum Haus von Oma und Opa. Mit *Piep* verständigen wir uns immer, wenn wir unsichtbar sind. Damit wir nicht dauernd zusammenknallen. So unsichtbar. Milla hing unsichtbar um meinen Hals und baumelte hin und her. Hin und her. Sicher landete ich auf der Terrasse meiner Großeltern. Und huschte weiter ins Gästezimmer.

»Anni?«, fragte ich dort.

»Piep!«, machte meine Freundin.

Sekunden später stand unsere Prinzessin auf dem sonnigen Fensterbrett. Anni gab ihr zu trinken. Und ich zog den bauschigen weißen Vorhang vor die Pflanze.

»So fällt sie kein bisschen auf«, sagte Anni hinter mir. »Besser geht's nicht!«

In dem Augenblick rief Omas Stimme durchs Haus: »Wiiilhelm! Bist du so weit? Der Kuchen ist fertig. Wir können zu den Mädchen aufbrechen.«

»Sapperlot!«, raunte Anni. »Lass uns verduften.«

Piepsend flitzten wir über die Sonnenwiese.

»Hoffentlich sind wir gleich wieder sichtbar«, sagte Anni irgendwo neben mir. »Ich brauche unbedingt ein Stück Kirschkuchen. Mein Magen knurrt wie verrückt.«

»Wenn wir nicht pünktlich und gut sichtbar am Treffpunkt auftauchen, gibt's vor allem Ärger«, antwortete ich. »Mit Mama. Nachher schließt sie noch das Schuppencamp.«

Da kam unser Geheimversteck in Sicht. Und Mama. Sie breitete gerade mit Renate unsere blau karierte Picknickdecke aus.

»So ein mistiger Mist«, flüsterte ich stöhnend.

Hinter uns auf dem mittleren Pfad erschienen Oma und Opa. Mit Kuchen und Kaffeekanne.

»Ab ins Gebüsch!«, raunte Anni.

Von dort hatten wir eine prima Sicht auf die gut gelaunte Kaffeegesellschaft.

Alles wurde auf dem kleinen, roten Kindertisch vor dem Schuppen abgestellt, und meine Großeltern nahmen auf den Kinderstühlen Platz.

Renate guckte auf die Uhr. »Jetzt fehlen nur noch die Camper!«, sagte sie.

»Heilige Sumpfkuh«, wisperte ich. »Hoffentlich geht das gut aus!«

Unsichtbar hockten Anni und ich hinter einem Busch. Dauernd schaute ich an mir runter. Aber wir blieben verschwunden.

Oma schnitt schon den Kuchen an. Mama goss Kaffee ein. Leni schlürfte Limonade.

Und dann kam das Allerschlimmste überhaupt: Ich sah

Lilian, wie er über den Baumwipfeln auf den Schuppen zuflog. Jetzt streckte er sogar seinen *Superman*-Arm aus.

»O nein«, wisperte ich. Der Angstbär in meinem Bauch hielt sich die Augen zu. »Lilian!«

In dem Moment bemerkte er von da oben die vielen Leute am Schuppen. Mitten in der Luft versuchte er eine Vollbremsung. Wild flatterten seine Arme. Dann trudelte er sogar ein Stück abwärts.

Ich musste die Erwachsenen ablenken. Und zwar schnell! Also schlug ich wie verrückt mit beiden Armen auf den armen Busch vor mir ein. Es raschelte und knackste. Anni kapierte sofort, was ich vorhatte. Sie grunzte wie ein Schwein. Wie ein prächtiges und wildes Wildschwein, um genau zu sein. Erschrocken starrten die Picknickgäste in unsere Richtung. Lilian oben in der Luft klammerte sich an einer Tannenspitze fest.

»Was ist denn das da im Gebüsch?«, fragte Oma entgeistert. »Wilhelm, gehst du mal nachschauen?«

Ich guckte wieder nach oben. Lilian schaffte es endlich, sich abzustoßen. Wie ein Düsenjäger sauste er im Eiltempo zurück in den sicheren Zaubergarten.

»Ufff«, machte Anni.

»Ha!«, rief Opa, der lachend vor uns stand. »Unsere Wildcamper hocken im Gebüsch.«

Wir waren wieder sichtbar.

Anni zwängte sich durch das Grünzeug und verkündete: »Wir sitzen hier schon eine halbe Ewigkeit. Und gucken euch beim Kaffeeschlürfen zu. Wir sind einfach die besten Spione der Welt.«

Das fanden die Erwachsenen auch. Und verabreichten uns Spionen ganz viel Kirschkuchen. Richtig gemütlich war es auf dem Picknickplatz am Schuppen. Deshalb blieben die Erwachsenen wohl auch noch sitzen, als der Kuchen schon längst aufgegessen war.

Ich beugte mich zu Annis Ohr und raunte: »Eigentlich müssten wir uns genau jetzt auf die Prüfung vorbereiten.«

Aber daraus wurde nichts. Weil Papa mit sehr, sehr viel Pizza zum Abendessen eintraf. Und danach lackierte Leni Annis Krallen in Glitzergrün.

»Wo hast du denn die Krallen her?«, fragte Renate. »Das sieht ja fürchterlich aus. Wie in der Geisterbahn!«

»So schöne Nägel hat die Welt noch nicht gesehen«, verkündete Anni nur und drehte ihre Glitzerkrallen im Licht der letzten Sonnenstrahlen. »Als Spionin brauch ich die. Und am Wochenende will ich sie natürlich Papa zeigen!«

Renate seufzte.

Irgendwann beugte ich mich wieder zu Annis Ohr und

raunte: »Hoffentlich wollen die Herrschaften nicht auch noch im Schuppencamp übernachten.«

Da dämmerte es schon. Und die Eule huhuuute das erste Mal.

Endlich rappelte Renate sich von der Picknickdecke auf. Und alle packten alles zusammen und verabschiedeten sich mit viel Getöse. Nur Leni blieb. Schon die zweite Nacht!

Ein letztes Mal beugte ich mich zu Annis Ohr. »Wir müssen noch einmal in den Zaubergarten«, flüsterte ich. »Wenn Leni schläft.«

»Warum?«, raunte Anni zurück.

»Das erzähle ich dir dann!«, flüsterte ich. »Wenn die Luft rein ist.«

Wenig später lag Leni zwischen Anni und mir im Schuppen.

Und sie plapperte und plapperte. Ewig lang. Von ihrer Clique. Und von Tim.

Anni gähnte.

»Seid ihr noch wach?«, fragte Leni nach links und rechts.

»Nicht mehr lang«, antwortete Anni.

»Kleinkinder«, murrte Leni.

Aber dann hörte ich endlich Lenis gleichmäßigen und tiefen Atem neben mir.

»Leni?«, fragte ich.

Nichts.

»Ich glaube, sie schläft«, raunte Anni.

»Pack deine Taschenlampe ein und komm mit raus«, wisperte ich.

Leise, leise krabbelten wir ins Freie. Leni rührte sich nicht. Vorsichtig schloss ich die Schuppentür hinter uns. Und dann erzählte ich meiner Freundin endlich die Geschichte von der Herzblume.

»Den Zauber brauchen wir«, bemerkte Anni, als ich mit meinem Bericht fertig war.

»Das Problem ist nur, dass Herr Bovist dagegen ist«, sagte ich leise. »Deshalb holen wir uns den Samen heimlich.«

Anni antwortete: »Es ist ein Notfall. Eindeutig. Und obendrein helfen wir Leni!«

Wir mussten es einfach versuchen. Jetzt sofort.

Nächtlicher Ausflug

Da Milla in Omas Gästezimmer stand, flogen wir wenig später sichtbar über den dunklen Dschungel.

»Ist das nicht toll?«, rief Anni mir zu. »Dank der Flugessenz können wir jetzt eine Woche lang fliegen! Wann immer wir wollen!«

»Das ist wirklich mal Glück am Stück«, rief ich zurück.

Die leere Stofftasche baumelte an meinem Hals. Für den Rücktransport.

»Huhuuu!«, machte Anni. Und wie sie da als schwarzer Schatten über die Baumwipfel glitt, sah sie wirklich aus wie eine Eule.

Hier oben in der Luft war es mitten in der Nacht um Klassen weniger unheimlich als unten im Dschungel. Weil nichts knirschte und knackste. Und weil keine finstere

Gestalt urplötzlich zwischen den Baumschatten auftauchen konnte. Ist ja klar!

Die Gewächshauslichtung tauchte unter uns auf. Als dunkles, schwarzes Loch. Also weiter. Schnell hatten wir das Tannenwäldchen überflogen. Und leise, leise landeten wir direkt vor dem Arbeitshäuschen.

»Hexenhaus und Zelt sind dunkel«, wisperte ich Annis Gestalt zu. »Alles schläft!«

»Aber im Arbeitshäuschen huscht ein Licht herum«, flüsterte Anni und packte meinen Arm.

Tatsächlich! Durch das kleine Fenster sah ich einen zuckenden Lichtkegel. Wie von einer Taschenlampe.

»Gunnar?«, fragte Anni.

Auf Samtpfoten schlichen wir zur Tür. Sie war nur angelehnt. Sehr langsam schob ich sie auf. Ein dunkles Knarzen schreckte die Gestalt im Innern auf.

»Boah!«, machte Lilian und strahlte uns mit seiner Taschenlampe direkt in die Augen. »Habt ihr mich erschreckt!«

»Was machst du da?«, fragte ich leise.

Anni schloss hinter uns die Tür.

»Ich tüftle an meinem Tierverstehzauber«, erklärte Lilian und zeigte auf den Schreibtisch. Da standen mehrere kleine Marmeladengläser mit Schraubverschlüssen. »Ich habe ja schon Essenzen mit Tiereigenschaften von zu Hause mitgebracht. Die habe ich gerade in einem Glas zusammengekippt. Jetzt fehlen mir nur noch die Zauberblumen aus dem Gewächshaus.« Er schüttelte ein etwas größeres Glas mit einem roten Deckel.

»Toll!«, sagte Anni.

»Ich glaube, dass Gunnar heute mein Zelt durchwühlt hat«, erzählte Lilian weiter. »Wahrscheinlich, als er unsichtbar herumspioniert hat. Ich muss meine Essenz in einem sicheren Versteck unterbringen. Nicht dass Gunnar mir *meine* Zauberzüchtung klaut! Die Familien Knöterich und Grünklee sind schon immer Konkurrenten.«

»Gunnar Grünklee?«, fragte Anni und kicherte.

Lilian nickte im Schein meiner Stirnlampe.

»Wir haben ein Versteck für deine Essenz«, erklärte ich unserem Zauberkollegen. »Wir bringen dich gleich hin. Aber zuerst brauchen wir noch den Samen der Herzblume.«

»Oha!«, machte Lilian.

Und während ich das dicke Zauberbuch aus der Schublade wuchtete, erzählte Anni Lilian von unserem Plan.

Im Schein aller drei Lampen blätterten wir Seite um Seite um. Unzählige wunderhübsche Blumenzeichnungen schauten wir an. Und lasen die vielen Zauberblumennamen.

»Stopp!«, rief Lilian.

Die Herzblume stand ganz oben auf der Seite. Direkt darunter folgte die Zeichnung. Oh, wie war die Blume schön. An einem sehr, sehr dünnen Stiel hingen drei pink-weiß gefleckte Blüten. Wie kleine Herzen sahen sie aus.

Lilian las laut: »*Werden die beiden rosa-weiß gefärbten Kronblätter vorsichtig an den unteren Spitzen auseinandergezogen, so löst sich im Innern eine murmelförmige Frucht. Ihr Zauber schafft es, zwei völlig zerstrittene Personen wieder zu einen. Doch Vorsicht ist geboten: Beide Personen müssen bei der Einnahme des Zaubers beieinander sein. Zudem müssen zwischen den Parteien noch liebende Gefühle vorhanden sein, seien sie auch noch so klein. Unter diesen Umständen lässt der Zauber die Liebe wieder entfachen. Doch merke wohl: In Lie-*

besangelegenheiten und deren Zwist sollte sich nur in äußerster Notlage eingemischt werden.«

»Wir stecken metertief im Notfall!«, sagte Anni.

Und deshalb suchte ich im Labor auch den Samen der Herzblume heraus.

»Es muss einfach sein«, murmelte ich, als der kleine graue Samen in meiner Handfläche lag. »Und jetzt kommst du so schnell wie möglich in die Erde.«

Als wir leise über die Lichtung in Richtung Tannenwäldchen schlichen, hörten wir es im Zelt grunzen und rascheln.

»Ich hatte Angst, dass Susi Quatsch macht und alle aufweckt«, wisperte Lilian. »Deshalb musste sie im Zelt bleiben.«

»Was machst du eigentlich mit Susi, wenn du in der Schule bist?«, fragte ich, als wir durch den dunklen Tannenwald gingen.

Lilian erzählte: »Eigentlich hat Susi eine große Koppel mit Matschtümpel und Stall. Und weil Minischweine eine Herde brauchen, bekommt sie bald ein Partnerschwein. Aber erst in drei Wochen. Solange bin ich ihr Partner.«

Susi ist eindeutig ein Glücksschwein.

Im stockdunklen Gewächshaus leuchtete ich kurz darauf das Regal nach einem passenden Blumentopf ab. Der war schnell gefunden. Etwas Erde und Stinkemist hinein, und schon hatte der Samen der Herzblume ein sicheres Zuhause.

»Gute Nacht, Kalli«, raunte ich dem Riesenhasen in seiner Schlafkiste zu. Aber der zuckte nur müde mit den langen Ohren.

»Wo ist jetzt das sichere Versteck für meine Essenz?«, fragte Lilian.

Und das zeigten wir ihm. Leider ist es im nachtdusteren Dschungel noch schwieriger, einen speziellen Baum zu finden. Und furchtbar unheimlich ist es auch. Denn anders als in der Luft, knirschte und knackte es jetzt wie verrückt. Aber endlich beleuchtete der Schein meiner Stirnlampe den hohlen Baum.

»Das perfekte Versteck!«, bemerkte Lilian und steckte sein Glas vorsichtig in die Baumhöhle.

»Unauffindbar«, sagte Anni. »Auch für schlaue Rotfüchse.«

»Wir sind ein wirklich gutes Team«, sagte ich.

Im Schein meiner Stirnlampe nickten Anni und Lilian kräftig mit den Köpfen. Und dann grinste Anni und breitete ihre Arme aus. Eng umschlungen standen wir da.

Und Anni raunte: »Tilda, Anni, Lilian – auf jeden von uns kommt es an!«

Eine dicke Gänsehaut kroch von meinen Fußspitzen bis zum Kopf. Weil der Spruch so schön war. Und weil er einfach stimmte. Deshalb murmelten wir ihn gleich noch mal.

»Und jetzt lasst uns schlafen gehen«, sagte ich zufrieden und unglaublich müde. »Wir haben morgen viel vor.«

Flatternd stiegen wir zwischen den Stämmen auf, bis wir über den Baumkronen waren. Die Stofftasche mit dem Liebessamenblumentopf hing schwer an meinem Hals.

»Gute Nacht!«, rief Lilian dort oben und bog in Richtung der Hexenhauslichtung ab.

»Bis morgen!«, riefen Anni und ich zurück und nahmen Kurs in Richtung Mauer.

Wenig später schlief auch Anni tief und fest neben Leni.

Ich knipste noch mal meine Stirnlampe an. Und zog mein Pflanzentagebuch unter der Matratze hervor. Im kreisrunden Lichtschein schrieb ich in schönster Schrift:

Dienstag, 8. Juli

Alle Zauberpflanzen blühen. Reif für eine Essenz sind sie aber leider noch nicht.

Die Herzblume steht hier bei mir im Schuppen. Ich weiß nämlich nicht, wie ich ohne Zauberhilfe Lenis und Tims Herzen wieder zueinanderbringen soll.

Der garstige Gunnar hat an meiner Prinzessin Milla geschnuppert. Deshalb haben wir sie in Sicherheit gebracht. Wir sind schlauer als der Rotfuchs!

Sorgfältig versteckte ich das kleine Heft wieder unter mir.

Und dann schlief endlich der ganze Schuppen.

Mannomann

Der nächste Tag war der Mittwoch. Nur noch zwei Tage bis zu unserer Prüfung!

Als Erstes brachte ich den Blumentopf mit der Herzblume im Gästezimmer unter.

»Jetzt bist du nicht mehr so allein«, sagte ich zur prächtig blühenden Prinzessin.

Dann frühstückte ich mit Leni, Anni, Oma und Opa ein leckeres Ferienfrühstück auf der Terrasse.

Plötzlich stand Antonia vor uns. Und Leni fiel ihrer Freundin gleich mal um den Hals.

»Deine Mama hat mir gesagt, wo ich dich finde«, erklärte sie Leni nach der Begrüßung. »Du gehst ja nicht ans Telefon, und Nachrichten beantwortest du auch nicht!« Antonia guckte beleidigt.

»Du kannst Leni gleich mal mitnehmen«, schlug ich Antonia vor.

Aber Leni zog ihre beste Freundin schon hinter sich her in Richtung Schuppen.

»Das darf doch wohl nicht wahr sein«, rief ich und schlug mit der Hand auf den Tisch, dass Omas hübsches Porzellan nur so klirrte. »Jetzt hocken schon zwei Pubertiere in unserem Feriencamp!«

Oma sagte: »Na, na, die beiden stören doch nicht. Ihr seid ja bestimmt wieder als Spione im Garten unterwegs.«

Pah. Von wegen!

Als wir uns wenig später sehr, sehr vorsichtig an den Schuppen anpirschten, sagte Anni: »Wir haben doch den Flugzauber. Wir kommen schon irgendwie ungesehen über die Mauer.«

Die Schuppentür war geschlossen. Aber wir hörten wildes Gerede aus dem Inneren. Verstehen konnten wir leider nichts.

»Abflug!«, raunte Anni.

Leise flatternd stiegen wir auf. Immer höher. Schon schien das Dach des Schuppens klein wie ein Pflaster, das an der Mauer klebte. Mit schnellen Armschlägen segelten wir über den Dschungel und das Gewächshaus hinweg.

Anni und ich landeten ungesehen im dichten Tannenwäldchen. Und schlenderten dann ganz gemütlich zum Hexenhaus. Davor parkte Emilias rotes Auto. Und aus dem blauen Zelt kroch gerade Lilian.

»Habt ihr Susi gesehen?«, fragte er zur Begrüßung. »Ich suche sie seit dem Frühstück!«

Anni schüttelte den Kopf.

»Pscht!«, machte ich und legte meinen Finger auf die Lippen. Gunnars Meckerstimme tönte bis zu uns nach draußen.

»Der Rotfuchs?«, fragte Anni leise.

»Er ist schon früh gekommen«, berichtete Lilian und

zeigte auf das schwarze Motorrad, das ganz hinten in der Auffahrt stand.

Wir schlichen durch das Wohnzimmer und pirschten uns an die angelehnte Küchentür heran. Dort drückten Anni, Lilian und ich uns an die geblümte Wohnzimmerwand.

»Diese Mädchen führen etwas im Schilde«, sagte Gunnar gerade. »Ich habe kein gutes Gefühl. Sie haben bei der *Tür* herumgeschnüffelt. Und jetzt ist auch noch die Blume mit dem Unsichtbarkeitszauber verschwunden. Diese Gören werden sie ausgegraben haben. Wahrscheinlich ist sie schon außerhalb des Grundstücks. Sie gefährden unsere Zauberblumengemeinschaft!«

Der Wutbär in meinem Bauch machte sich ganz, ganz groß. Und ich musste fest die Lippen zusammendrücken, um kein lautes Wutzischen rauszulassen.

»Die Kinder wissen, wie wichtig die Bewahrung des Geheimnisses ist«, sagte jetzt Herr Bovists ruhige Stimme. »Es wird schon einen Grund geben, warum die Blume nicht mehr im Gewächshaus steht.«

Und Emilia sagte: »Lilian würde niemals die Kraft der Zauberpflanzen für irgendeinen Firlefanz missbrauchen.«

»Der Junge ist ja auch einer von uns«, rief Gunnar. »Er gehört zur Zauberblumenfamilie. Von Geburt an. Aber diese Mädchen nicht. Sie sind Fremde!«

»*Fremde!* Ich bitte dich«, sagte Herr Bovist. »Es ist doch völlig egal, wo und von wem man geboren wurde. Das Herz muss an der richtigen Stelle sitzen. Die Mädchen gehören zu mir und zum Zaubergarten.«

»Genauso ist es!«, erklang nun wieder Emilias Stimme. »Das hast du wunderschön gesagt, Konrad.«

»Pah!«, machte Gunnar. Und als ich vorsichtig durch den Türspalt linste, kam er direkt auf die Wohnzimmertür zu.

»Zurück!«, wisperte ich und flitzte nach draußen auf die Blumenwiese.

Der garstige Rotfuchs stand nur Sekunden später schnaubend vor uns Kindern. Sein orangerotes Haar loderte gefährlich.

»Ich bekomme euch Gören schon noch aus Herrn Bovists Zaubergarten raus«, zischte er. »Und wenn ich euch noch einmal in der Nähe der *Tür* erwische, wird es zappenduster für euch.«

Keines von uns Kindern regte sich. Und keiner sagte einen Ton.

Ruckartig drehte sich der wütende Gunnar um und verschwand zwischen den Bäumen.

»Ts, ts, ts!«, machte Anni.

Lilian zog an seiner Locke.

In meinem Bauch grummelte es. »Habt ihr gehört? Gunnar will uns *wirklich* loswerden. Was, wenn er einfach irgendeine Lügengeschichte über uns erfindet? Und der Kreis ihm glaubt? Ich traue dem Fiesling alles zu. Am Ende schafft er es noch, dass wir nicht in den Kreis aufgenommen werden!«

Bedrückt schauten wir uns an. Alle Fröhlichkeit war wie weggeblasen.

»Liiilian?«, tönte da Emilias Stimme zu uns nach draußen.

Polternd fielen wir Kinder in die Küche ein. Dass wir gelauscht hatten, erwähnten wir mit keinem Wort. Und die beiden alten Leutchen fragten kein einziges Mal nach Prinzessin Milla.

Emilia verkündete stattdessen: »Eure heutige Tagesaufgabe lautet: Fertigstellung aller Essenzen.«

»Klar wie Klößchenbrühe«, sagte Anni. »Wir sind bereit für die Ernte.«

Emilia starrte auf Annis grüne Glitzerkrallen. »Was ist denn da passiert?«, fragte sie.

»Schick, oder?«, antwortete Anni und drehte stolz ihre Klauen.

Schnell zog ich meine Freundin aus der Küche.

Auf dem Weg zum Gewächshaus riefen wir immer wieder: »Suuusi!« Aber das Schwein ließ sich nicht blicken.

»Eigentlich bleibt Susi immer in der Nähe ihrer Herde«, sagte Lilian. »Also bei mir.«

»Da!«, rief Anni, als wir aus dem Tannenwäldchen traten. »Da ist Susi! Eingesperrt im Glashaus.«

Hinter der geschlossenen Gewächshaustür stand das kleine Schwein und guckte uns mit seinen blauen Augen entgegen.

Doch was wir sahen, als wir die Gewächshaustür aufstießen, verschlug uns komplett die Sprache. Fassungslos starrten wir auf unsere Erdhügel.

»Mein lieber Scholli«, rief Anni.

»Mannomann«, sagte Lilian tonlos.

Sämtliche Zauberblumen hingen völlig vertrocknet und braun über dem Vulkanrand.

»Ein Trauerspiel«, sagte ich schließlich und kämpfte mit den Tränen.

»Ich verstehe das nicht«, sagte Lilian. »Wir haben alle Blumen jeden Tag gegossen. Schädlinge haben wir auch nicht gefunden.«

»Nicht zu vergessen der Stinkemist, den wir in die Erdhügel gestopft haben!«, ergänzte Anni und steckte sich eine lange Haarsträhne in den Mund.

»Wir sind geliefert«, sagte Lilian mit düsterer Stimme. »Wir haben es nicht geschafft, unsere Zauberpflanzen zu züchten. Der Kreis wird uns nicht zur Prüfung zulassen.«

»Und bis übermorgen können wir keine neuen Blumen pflanzen und Essenzen brauen«, meinte Anni.

In dem Moment schoss ein unglaublicher Gedankenblitz im Eiltempo durch meinen Kopf. »Vielleicht steckt ja Gunnar dahinter«, raunte ich sehr, sehr leise.

Wir schauten uns verstohlen um. Aber vom Rotfuchs war nichts zu sehen.

»So gemein kann noch nicht einmal der gemeinste Rotfuchs sein«, sagte Anni.

»Da bin ich mir nicht so sicher«, antwortete ich. »Er will uns nicht im Kreis haben. Das hat er erst vorhin gesagt. Und jetzt sind plötzlich unsere Zauberblumen tot! Das kann doch kein Zufall sein!«

»Gunnar hat bestimmt auch Susi eingesperrt«, rief Lilian. »Ich darf sie nicht mehr aus den Augen lassen. Keine einzige Sekunde!«

Wir guckten uns mit großen Augen an.

»Wir müssen jetzt einen klaren Kopf behalten«, sagte ich schließlich. Obwohl ich mich hundsmiserabel fühlte. »Lasst uns die überlebenden Blüten ernten und destillieren. Dann schauen wir weiter!«

Anni sagte: »Hier steht nur noch die Blume mit dem Schnelligkeitszauber. Unsere Notfallsäckchen werden ganz schön armselig!«

»Mein Fellzauber hat wenigstens auch überlebt«, sagte Lilian und zeigte auf eine Blume ganz rechts.

»Es ist aber keine Eiszeit angekündigt«, antwortete Anni. »Den Zauber brauchen wir eher weniger.«

»Meine Zuchtversuche sind genauso wichtig wie die Notfallsäckchen«, sagte Lilian und machte ein beleidigtes Gesicht.

»Ruhe im Karton!«, sagte ich. »Streiten macht die Sache jetzt auch nicht besser. Gunnar versaut uns *nicht* die Prüfung. Wir müssen zusammenhalten. Nur dann haben wir eine Chance!«

Schweigend ernteten wir die wenigen Blütenblätter und legten sie auf einen Untersetzer. So eine mickrige Ausbeute.

»Susi, pfui!«, rief Lilian. Das Susi-Schwein hing schmatzend über Kallis frischem Körnerfutter.

Anni zeigte auf das Hasenzubehör im Regal. »Vielleicht passt Susi in Kallis pinkes Glitzergeschirr?«, fragte sie.

Und das probierten wir gleich mal aus. Ein paar Schnallen verstellt, und schon steckte das Schwein im funkelnden Glitzer.

»Kalli hat dieses prächtige Geschirr in einer Zirkusaufführung getragen«, erklärte ich dem staunenden Schweinebesitzer. »Es gibt sogar eine Leine dazu.«

Susi schüttelte sich. Und machte ein paar Bocksprünge.

»Es ist zu deiner eigenen Sicherheit«, sagte Lilian zum Glitzerschwein. »Sobald die Prüfung rum ist, kannst du wieder herumstreunen. Versprochen!«

Anni schnappte sich den Untersetzer. »Lasst uns als Nächstes die Schwimmblume ernten«, sagte sie beim Blick auf die Blütenblätter. »Wir können jetzt wirklich jede einzelne Zauberblüte brauchen!«

Der Teich lag verlassen in der Sommersonne.

»Die Blüte!«, brüllte Lilian, sobald wir am Ufer standen. »Sie ist weg!«

Alle drei starrten wir auf die dunkelgrünen Blätter, die einsam und blütenlos auf der Wasseroberfläche trieben. Nur eine Armlänge vom Kieselstrand entfernt.

»Gunnar?«, fragte Anni schließlich. »Wusste er von der Schwimmblume?«

Tja.

»Die Ostseefreizeit kann ich jetzt vergessen«, sagte Lilian mutlos. »Wie soll ich Mama meine Schwimmkünste zeigen? Ohne Schwimmzauber? Das trau ich mich nie!«

Anni schlug vor: »Wir können eine neue Schwimmblume pflanzen. Oder wir üben mit dir das Schwimmen ohne Zauber. Wahrscheinlich brauchst du den sowieso nicht.«

»Und wie ich den brauche«, sagte Lilian mit finsterer Stimme.

Ich hatte ganz andere Sorgen. »Gunnar schafft es am

Ende doch noch, dass wir durch die Prüfung fallen!«, stellte ich düster fest. »Unzählige Blumen sind tot. Wir werden kaum Essenzen haben. Und statt zu lernen, rennen wir ständig kreuz und quer durch den Dschungel.«

»Und wenn wir Herrn Bovist und Emilia alles erzählen?«, fragte Lilian.

»Wir können doch nichts beweisen«, antwortete ich. »Gunnar wird niemals nie zugeben, dass er etwas mit dem Pflanzensterben zu tun hat.«

Anni ergänzte: »Oder dass er die Schwimmblume geklaut hat!«

»Und dann glaubt der Kreis nachher noch, dass wir einfach nur schlechte Blumenzüchter sind«, sagte ich. »Und mit der Prüfung noch ein Jahr warten sollen.«

»Sapperlot!«, sagte Anni stöhnend.

Meine Gedankenmurmeln sausten hin und her. Hin und her.

»Es reicht!«, sagte ich schließlich. »Wir müssen uns wehren!«

»Du hast so was von recht!«, sagte Anni mit blitzenden Augen.

»Und wie soll das gehen?«, fragte Lilian.

»Wir drehen den Spieß um«, schlug ich vor. »Jetzt spionieren *wir* Gunnar hinterher. Und finden heraus, was er vorhat. Der Rotfuchs versaut uns nicht die Aufnahme in den Kreis.«

Anni und Lilian nickten.

Mein Blick fiel in Richtung Mauer. »Und ich weiß auch schon, wo wir mit unserer Spionage beginnen!«, erklärte ich und flitzte los. Erst vor der geheimen Tür bremste ich ab.

Anni, Lilian, Susi, Rupert und ich standen aufgereiht vor der hohen Mauer.

»Wir haben keinen Schlüssel«, bemerkte Lilian, der das Efeu vor der Tür zur Seite zog.

Ich starrte auf den Graben vor meinen Füßen. »Kannst du den Durchgang noch etwas vertiefen?«, fragte ich meine Freundin.

»Oje!«, machte Anni und kratzte sich am Bauch.

Aber dann machte sie wieder eine riesige Grätsche.

»Das ist ja fast ein Spagat«, sagte ich bewundernd.

Jetzt grub Anni. Und buddelte und scharrte. Lilian, Susi und ich brachten uns in einigem Abstand in Sicherheit. Nur der brave Rupert gesellte sich zu Anni und grub mit.

»Komm mir ja nicht zu nahe«, rief Anni keuchend.

Erde und kleine Steinchen flogen nur so durch die Luft.

»Reicht das?«, fragte Anni irgendwann verschwitzt. »Mir ist eine Kralle abgebrochen!«

»Da kommt nach wie vor nur Susi durch«, bemerkte Lilian und guckte skeptisch.

»Ich könnte es auch mal versuchen«, sagte ich und beäugte den Durchgang.

Anni nickte. »Du bist eindeutig die Kleinste und Dünnste von uns«, sagte sie. »Du könntest es schaffen.«

Aber sosehr ich mich auch zwängte und schlängelte, ich kam nicht durch den Spalt.

Anni stöhnte. »Ich kann echt nicht tiefer buddeln!«

Glitzer-Susi schnüffelte seitlich der Tür im Efeu herum.

»Wir suchen Susis Eingang«, schlug Lilian vor. »Vielleicht ist der größer als Annis Graben. Susi, such!«

Leider wollte das Schwein kein bisschen suchen.

»Wir teilen uns auf«, sagte ich. »Lilian und Susi suchen die Mauer links der Tür ab. Wir anderen laufen nach rechts.«

Genauso machten wir es.

»Ich hab was!«, rief Lilian schon nach kurzer Zeit.

Und tatsächlich. Er zeigte uns eine längliche Öffnung in der Mauer. Wie eine Schießscharte in einer alten Burg sah sie aus.

Lilian steckte bereits halb im Spalt. »Susi ist schon drin«, berichtete er. »Und ich passe auch durch.«

»Dann los!«, sagte Anni. »Wir folgen dir.«

Ich musste meine Freundin etwas schieben. Aber dann war auch sie verschwunden.

Bevor ich mich als Letzte durch den Durchgang zwängte, schaute ich mich um.

»Kein Rotfuchs weit und breit«, sagte ich zu Rupert, der vor der Mauer saß. »Pass gut auf. Und wenn Gunnar kommt, bellst du richtig, richtig laut.«

Rupert legte den Kopf schief. Und spitzte die Ohren. Er hatte seinen Auftrag verstanden, da war ich mir sicher. Also folgte ich meinen Freunden in die Dunkelheit.

Auf der anderen Seite staunte ich nicht schlecht. Wir standen in einem langgezogenen Raum.

»Hier riecht es wie in einer Höhle«, bemerkte ich. »Muffig-feucht.«

Annis gebuddelter Türspalt und *zwei* Schießschartenöffnungen ließen nur wenig Licht herein. Aber als sich meine Augen an das Dämmerlicht gewöhnt hatten, konnte ich längliche Holzkisten erkennen.

»Sind das Hochbeete?«, fragte Anni.

Tatsächlich! So hölzerne Hochbeete hatten wir in der Schulgarten-AG auch. Weil da drin die Pflanzen sicher waren. Vor Schnecken. Und vor Mäusen. Und hier im dämmrigen Raum vor dem Susi-Schwein, das immer wieder schnüffelnd seine Schweinsnase in die Höhe reckte.

Wir stellten uns um eine Kiste direkt an der Tür herum. Hier kam ausreichend Licht durch den Türgraben herein. Jedenfalls konnten wir die länglichen Gebilde erkennen, die in regelmäßigen Abständen aus der dunklen Erde ragten.

»Was ist denn das?«, fragte Anni. »Weiße Gurken?«

»Mich erinnern sie eher an Lenis Kaktus«, sagte ich.

»Nur dass sie statt Stacheln diese komischen Schuppen haben.«

Ich schnupperte an einem Gewächs. »Es riecht nach Pilz!«, rief ich erstaunt.

»Nach Champignons«, sagte Lilian. »Die legen Mama und ich immer auf unsere Pizza.«

»Züchtet Herr Bovist Pilze?«, fragte Anni. »Weil er sie am allerliebsten isst?«

»Tja«, antwortete ich. »Aber warum ist dann die Tür abgeschlossen? Und Gunnar hat den Schlüssel?«

Ich guckte in die anderen Kisten. Soweit ich es im Dämmerlicht erkennen konnte, waren sie leer.

»Ich glaube, diese komischen Pilze haben etwas mit dem Zauberblumengeheimnis zu tun«, sagte ich schließlich.

Lilian meinte: »Wir fragen Herrn Bovist. Ganz einfach.«

»Wir sollen uns voll und ganz auf die Prüfung konzentrieren«, sagte ich. »Auf nichts sonst. Wenn wir Herrn Bovist von Gunnars Treiben, den toten Blumen und diesen komischen Pilzen hier erzählen, fällt am Ende noch die Prüfung aus!«

»Stimmt!«, sagte Lilian. »Und das ist genau das, was Gunnar erreichen will!«

»Eben!«, antwortete ich. »Aber wir geben nicht auf! Niemals nie!«

Anni breitete ihre Arme aus. Eng umschlungen riefen wir sehr, sehr laut: »Tilda, Anni, Lilian – auf jeden von uns kommt es an!«

»Lasst uns verschwinden«, schlug ich vor. »Wir müssen dringend unsere Essenzen brauen. Damit wir pünktlich zum Abendessen bei Mama erscheinen.«

Also quetschten wir uns durch den Spalt wieder hinaus ins gleißend helle Sonnenlicht. Ruperts langer Schwanz klopfte wie verrückt auf den Boden, als er uns sah.

Anni füllte dann noch in Windeseile den Graben unter der Tür mit Erde auf. »Jetzt sieht es doch wohl aus wie vor unserem Besuch«, sagte sie und rieb ihre Hände am Rock ab.

»Gunnar denkt, dass er die *Saubande* vertreiben kann«, sagte Lilian und grinste. »Der wird noch staunen!«

»Genau!«, antwortete Anni.

Und schon rasten wir in einem Höllentempo davon in Richtung Hexenhaus. Die glitzernde Susi galoppierte mit großen Sprüngen neben uns her.

Das Hexenhaus lag verlassen da. Emilias kleines rotes Auto stand nicht vor dem Haus.

»So sieht wenigstens keiner, dass wir so wenig Zauberblumen geerntet haben«, stellte ich fest.

»Gunnars Motorrad ist auch verschwunden«, bemerkte Anni und zeigte auf die Auffahrt. »Er hat sich aus dem Staub gemacht.«

»Der soll bleiben, wo der Pfeffer wächst!«, sagte Lilian mit düsterer Stimme. Dann zog er Glitzer-Susi an der Leine in die Küche.

Wieder teilten wir die Arbeit auf: Ich füllte Wasser in zwei Kolben und zerstampfte die Zauberblüten. Anni bohrte mit ihren Krallen Löcher in eine Zitrone und quetschte sie aus. Und Lilian kümmerte sich um den Pfeffer und um das quirlige Susi-Schwein.

Ruck, zuck waren wir fertig. Klar, bei nur zwei Zauberblumen! Leise brodelte das elektrische Destillationsgerät auf dem Küchentisch.

Und endlich, endlich standen zwei neue Fläschchen vor uns. Beide waren einen Fingerbreit mit einer klaren Essenz gefüllt. Eine mit dem Schnelligkeitszauber und eine für das kuschelige Fell.

»Fertig!«, sagte Lilian.

»Was für ein trauriger Anblick«, sagte ich und seufzte.

»Eigentlich sollten hier jetzt viele, viele Fläschchen mit vielen Essenzen stehen.«

»Was ist eigentlich mit Millas Blüte?«, fragte Anni.

»Stimmt!«, antwortete ich und schlug mir auf die Stirn.

»Wir können sowieso nicht eine Woche lang unsichtbar herumlaufen«, bemerkte Lilian. »Das gäbe nur Probleme. Vor allem mit euren Eltern.«

Da hatte er natürlich auch wieder recht.

Lilian zeigte auf das Fläschchen mit der Fellessenz. »Wir haben für die Prüfung ja auch noch die Neuzüchtung. Die Kreismitglieder sind vom Tierverstehzauber bestimmt total begeistert. Da fällt unser mickriges Notfallsäckchen nicht auf.«

Das konnte ich nur hoffen!

Und dann fiel mir der fiese Gunnar wieder ein.

»Wir verstecken unsere Essenzen im hohlen Baum«, schlug ich vor. »Da sind sie sicher. Wer weiß, was dem Gauner noch so alles einfällt.«

Die Idee fanden alle gut.

Aber bevor wir uns auf den Weg zum Baumversteck machten, füllten wir ein paar leere Glasfläschchen mit Leitungswasser. Und die stellten wir fein säuberlich auf dem Regalbrett auf. Als Attrappe.

»Prima Ablenkungsmanöver«, stellte Lilian fest.

»Die kann Gunnar gerne klauen«, sagte ich zufrieden.

Dann schnappten wir unsere richtigen Essenzfläschchen und das Susi-Schwein und machten uns auf den Weg zum hohlen Baum. Dort angekommen, pinkelte Rupert als Erstes gegen den Stamm.

»Iiih!«, machte Anni und hielt sich die Nase zu. »Weg da, du oller Wurstschädel!«

»Feiner Rupert«, sagte ich und streichelte meinen Lieblingshund. »Wenn unser Baumversteck nach Hundepipi riecht, will kein anderes Tier hinein.«

Lilian hatte schon sein Marmeladenglas hervorgeholt und kippte die Fellessenz gleich mal dazu.

»Jetzt muss ich nur noch einen Träger in der Essenz einweichen«, berichtete er mit freudiger Stimme. »Zum Beispiel ein Gummibärchen.«

»Und sonst nichts?«, musste ich fragen. »Du mischst wirklich nur die Essenzen mit den Tiereigenschaften?«

»Ich habe in vielen Zauberblumenbüchern gestöbert«, sagte Lilian. »Bei uns zu Hause. Natürlich heimlich. Es klappt, ihr werdet schon sehen!«

»Erstaunlich!«, sagte Anni. »Und gar nicht so schwierig!«

Lilian nickte.

Ich fand die Sache etwas zu einfach. Aber gut.

»Wir sollten dringend los«, sagte ich nach einem Blick auf meine Uhr. Weil das Abendessen mit Mama und Papa anstand. Das durften wir auf keinen Fall verpassen.

»Wir halten hier die Stellung«, sagte Lilian zu Susi und Rupert. »Wenn Gunnar auftaucht, lassen wir ihn nicht aus den Augen!«

❀

Anni und ich wagten es, fliegenderweise den Rückweg in Omas Garten anzutreten. Weil wir spät dran waren. Und weil kein Erwachsener in Sicht war. Nach wenigen Minuten tauchte der Schuppen unter uns auf. Die Schuppentür war geschlossen. Und keine Menschenseele zu sehen. Also landete ich direkt neben der Hütte.

»Aaah!«, machte es über mir in der Luft. Und als ich nach oben guckte, sah ich eine taumelnde Anni. Wild ruderte sie mit den Armen. Ein großer Vogel stob kreischend davon. Und Anni landete scheppernd auf dem Schuppendach.

»Anni!«, rief ich entsetzt.

Die Schuppentür wurde aufgerissen. Leni und Antonia starrten mich mit großen Augen an.

»Spinnst du?«, kreischte Leni los. »Ich dachte, der Schuppen stürzt ein!«

»Äh!«, machte ich und schielte nach oben.

»Kann mir mal jemand helfen?«, fragte eine zerzauste Anni oben auf dem Wellblechdach.

Jetzt bekamen Leni und Antonia ihre Münder überhaupt nicht mehr zu. Vor lauter Staunen. Aber dann packten auch die großen Mädchen Annis Beine, und gemeinsam hievten wir sie nach unten. Ganz schön anstrengend war das.

»Wie kommst du aufs Dach?«, fragte Leni, als Anni auf ihren eigenen Füßen stand. »Habt ihr uns etwa belauscht? Was treibt ihr eigentlich den ganzen Tag?«

Tja.

»Wir sind sehr beschäftigt«, erklärte Anni und zupfte sich eine braune Feder aus den Haaren. »Als unglaublich erfolgreiche Spioninnen!«

»Aha!«, machte Leni. »Dazu braucht ihr den Schuppen aber nicht, oder? Ihr wart den ganzen Tag nicht hier. Antonia und ich schon. Deshalb wollen *wir* heute im Schuppen schlafen!«

»Was?«, rief ich empört. »Anni und ich haben das Schuppencamp eröffnet! Für vier ist hier kein Platz! Das sage ich auch gleich Mama beim Abendessen. Die wird euch schon verscheuchen!«

Plötzlich sagte Leni sehr, sehr freundlich: »Bitte, Tilda! Nur eine Nacht! Jede von euch bekommt zehn Melonenkaugummis für eine Nacht Zu-Hause-Schlafen.«

Ich schüttelte den Kopf.

»Okay«, sagte Anni. »Aber nur eine Nacht!«

Sprachlos starrte ich meine Freundin an.

Die zuckte nur mit den Schultern.

»Danke!«, sagte Leni. »Das vergesse ich euch nie, echt!«

Pah! Warum war ich eigentlich kein Einzelkind? Wie Anni? Richtig, richtig sauer zog ich im Schuppen mein Tagebuch unter der Matratze hervor. Dann rauschte ich auf dem mittleren Gartenweg davon in Richtung Gästezimmer.

»Tilda«, sagte Anni, die neben mir herlief. »Wir mussten das Angebot annehmen. Am wichtigsten ist doch, dass wir in der Nacht zur Prüfung allein im Schuppen schlafen.«

»Pah!«, machte ich.

Erst beim Anblick der Zauberblumen stellte sich augenblicklich meine gute Laune wieder ein. Denn die Herzblume stand mit dünnem, gebogenem Stiel in ihrem Topf. Und an dem baumelten vier dicke, runde Knospen.

»Leni und Tim bekommen morgen eine Liebesperle«, sagte ich zu meiner Freundin. »Ob sie wollen oder nicht!«

»Oha!«, sagte Anni.

Und damit war alles gesagt.

Zu Hause schrieb ich in mein Tagebuch:

Mittwoch, 9. Juli

Die Herzblume ist in mein Kinderzimmer umgezogen.

Höhe: 35 cm, sehr dünner Stiel

Blüte: vier dicke Knospen, die am Stiel hängen wie kleine Perlenohrringe

Ich brauche gleich morgen früh ihre Liebesperlen. Für Leni und Tim. Damit sie sich vertragen und Leni aus dem Schuppencamp verschwindet. Meine Geduld ist nämlich langsam aufgebraucht!

Glücklicherweise durfte Anni trotzdem bei mir schlafen.

»Wenn ich zu allem Unglück auch noch allein in meinem Zimmer schlafen muss, drehe ich durch«, hatte ich meiner Mama erklärt.

»Ihr beiden nutzt den kurzen Zwischenstopp in der Zivilisation bitte für eine gründliche Dusche«, sagte Mama nur und rümpfte dabei die Nase.

Nach der gründlichen Reinigung lieh ich mir von Papa sein Pilzbuch aus. Seite für Seite guckten wir uns die Abbildungen an.

»So viele Pilze«, sagte Anni irgendwann und seufzte.

Aber dann entdeckte sie zuerst das Bild mit dem schuppig-weißen Pilz.

»*Bovist*«, las Anni vor. Wir starrten uns an.

»Herr Bovist züchtet Boviste?«, fragte Anni.

Ich las weiter. »*Pilz mit kugelförmigem oder länglichem Fruchtkörper. Familie der Lycoperdon, auch Wolfsfurz genannt.*«

Wir prusteten los. Und machten uns dann fast Pipi in die Hose vor lauter Lachen.

»Da werden Wolfsfürze angepflanzt«, rief Anni und hielt sich den Bauch. »Vielleicht sind das Ruperts Fürze!«

Mein Bauch tat vom Lachen so weh, dass ich wieder ernst werden musste. »Auf jeden Fall sind sie etwas ganz Besonderes, so viel steht fest«, erklärte ich feierlich.

»Wir werden es herausfinden!«, sagte Anni.

Den Rest des Abends lenkten meine Freundin und ich uns mit Wandmalerei ab. Meine ganze Zimmerwand habe ich schon malenderweise in einen grünen Dschungel verwandelt. Und Tiere und Menschen stecken auch zwischen all dem Grün. Als es Schlafenszeit war, standen zwischen den Baumstämmen ein paar Wolfsfürze. Und Lilian und Susi guckten hinter einem besonders großen Baum hervor. Beide grinsten fröhlich. Richtig, richtig schön sah das aus.

Wahrscheinlich träumte ich in dieser Nacht deshalb von Lilian. Und von den Liebesperlen.

Liebesperlen

Am nächsten Morgen schaute ich als Erstes nach der Zauberblume auf meinem Fensterbrett. Zart und zerbrechlich stand sie in ihrem Topf. Und unglaublich, aber wahr: Vier wunderhübsche Blüten hingen an fein geschwungenen Stielen.

»Ihr seht tatsächlich aus wie Herzen!«, sagte ich staunend. Zwei schlanke Blütenblätter in Rosa-Weiß wölbten sich in elegantem Bogen und trafen sich unten zu einer Spitze.

»Was machst du?«, fragte Annis verschlafene Stimme.

Ich zog vorsichtig die beiden Blütenspitzen auseinander.

Peng!

Eine pink-orangene Kugel plumpste auf das Fensterbrett und kugelte noch ein Stück weiter.

»Die Liebesperle«, juchzte Anni, die jetzt zerzaust neben mir stand.

Der Bär in meinem Bauch führte ein Freudentänzchen auf.

»Wir brauchen noch eine Liebesperle«, sagte ich aufgeregt. »Dann haben wir die nötige Portion für Leni und Tim.«

Auch die zweite Blüte spuckte eine Liebesperle aus.

»Sapperlot!«, sagte Anni.

Peng! Die dritte Liebesperle landete auf dem Fensterbrett.

»Juchheee!«, rief Anni.

Und was soll ich sagen: Auch die vierte Blüte spuckte eine kugelrunde Frucht aus.

»Wir sind richtig, richtig gute Zauberpflanzenzüchterinnen«, sagte ich stolz und betrachtete die vier Kugeln auf Annis Hand. »Nur leider darf von diesem Erfolg kein Mensch erfahren!«

»Die sehen ja schon ein bisschen giftig aus«, stellte Anni fest.

»Stimmt«, antwortete ich. »Wir müssen die Liebesperlen in einen leckeren Träger verpacken. So dass Leni und Tim sie sofort verschlingen wollen.«

In der Küche fanden wir nichts Brauchbares. Aber dann

fielen mir Mamas Schokoherzen ein. Schnell flitzte ich ins Arbeitszimmer. Die Pralinenschachtel in Herzform lag auf dem Schreibtisch.

»Die hat Mama von ihrer Klasse bekommen«, sagte ich zu Anni. »Als Dankeschön. Und Herzen eignen sich ja wohl hervorragend als Liebeszauberversteck!«

Das fand Anni auch.

»Ich höhle die Herzen von unten mit meiner Kralle aus«, schlug sie vor und legte auch gleich los.

In der Zeit zerquetschte ich die hübschen Liebesperlen mit einer Kuchengabel. Und ich rührte und stampfte und quirlte, bis alle vier Perlen zu einem Breichen verarbeitet waren.

»Wie Marmelade«, stellte ich zufrieden fest.

Auch Anni konnte stolz auf ihre Arbeit sein. In jedem Herz war eine Mulde. Und auf der Arbeitsfläche lagen lauter kleine Schokowürmchen. Ich träufelte in jedes Herz einen Klecks Liebesmarmelade.

»Die Schokowürmer drüber, und es ist nichts mehr zu sehen«, sagte Anni.

Genauso machten wir es. Endlich lagen die gefüllten Herzen wieder richtig herum vor uns.

»Perfekt«, stellte ich fest und beäugte die acht gefüllten Naschereien.

»Lecker!«, sagte Anni. »Und so *viele* Liebesherzen. Da können wir auch noch welche essen.«

»Finger weg!«, antwortete ich.

Und genau als Papas polternde Schritte auf der Treppe zu hören waren, steckten wir die fertigen Leckereien zurück in die Herzschachtel.

Nach dem Frühstück rannten wir schnurstracks zum Schuppen. Ich riss die Schuppentür auf.

»Wo wohnt Amanda?«, fragte ich die beiden verschlafenen Mädchen, die mich erschrocken anblinzelten.

»Äh«, machte Antonia. »Nicht weit von hier. Direkt am Fußweg, der in den Stadtwald führt. Die weiße Riesenvilla mit dem schwarzen Dach und dem gold-schwarzen Eisenzaun drum herum. Wieso?«

»Wegen der doofen Amanda weckt ihr uns?«, rief Leni und guckte empört.

»Nachher kommt Tim hierher zum Schuppen«, erklärte ich meiner Schwester. »Er will sich bei dir entschuldigen.

Und er vermisst dich. Du musst also hier bei der Hütte bleiben!«

»Waaas?«, fragte meine Schwester.

»Echt und ungelogen«, sagte ich und hob die Finger zum Schwur.

Leni schluckte. Und nickte.

Ich hatte alles gesagt. Deshalb knallte ich die Schuppentür wieder zu und zog Anni von der Hütte weg. Sobald wir außer Sichtweite waren, breiteten wir die Arme aus und flogen schnell wie die Zugvögel über die Wipfel davon. Ungesehen landeten wir im dichten Tannenwäldchen. So ein Glück.

Auf der Wiese kam uns die glitzernde Susi entgegen. Sie zog Lilian an der Leine hinter sich her.

»Ich habe die Essenzen schon aus dem Versteck geholt«, teilte er uns sofort mit.

»Super«, antwortete ich erleichtert.

Anni streckte den Daumen in die Höhe. Wir waren wirklich ein tolles Team!

Herr Bovist stand schon am Küchentisch und zog allerlei Leckereien aus einem großen Einkaufskorb.

»Guten Morgen, liebe Mädchen!«, sagte er bei unserem Anblick gut gelaunt. »Emilia und ich haben gestern Träger für eure Essenzen besorgt.« Da lagen Schokolinsen, Bonbons, Cracker, kleine Butterkekse, Pralinen und sogar Kaugummis. Melonenkaugummis, um genau zu sein!

»Du hast sogar meine Lieblingsmelonenkaugummis besorgt?«, fragte ich begeistert.

»Sicher, sicher!«, antwortete Herr Bovist und zwinkerte mir zu. »Ich weiß doch, wie sehr du auf deine speziellen Kaugummis schwörst. Es war gar nicht so einfach, sie aufzutreiben!«

»Du bist der Beste, Herr Bovist!«, stellte ich fest und umarmte meinen alten Freund.

Als ich ihn wieder losließ, räusperte er sich und sagte: »Die heutige Tagesaufgabe lautet: Ihr füllt eure Essenzen in Träger. Da ihr auch damit schon Erfahrung sammeln konntet, wird das kein Problem darstellen, nicht wahr?«

»Logisch!«, sagte Lilian.

In dem Moment hörten wir ein Motorgeräusch, das sich zackig näherte. Und dann stand auch schon Emilia im froschgrünen Overall in der Küchentür.

»Einen schönen guten Morgen«, rief sie trällernd. »Wie ich sehe, arbeitet ihr schon fleißig an der heutigen Tagesaufgabe.« Sie klatschte freudig in die Hände. »Morgen ist es so weit! Der große Tag! Füllt eure Notfallsäckchen. Und lernt die Regeln im Kreisheft. Dann sind die Vorbereitungen abgeschlossen. Bis jetzt lief ja alles wie am Schnürchen!«

»Es spricht nichts gegen eine morgige Prüfung«, sagte Herr Bovist nickend. Dabei lächelte er uns stolz an.

Mir wurde schummrig. Es hatte nichts, nichts, nichts wie am Schnürchen geklappt. Wegen Gunnar. Und wegen Leni.

Emilia sagte zu Herrn Bovist: »Dann können wir ja los!«

»Wohin geht ihr denn?«, fragte ich.

»Wir machen einen Großeinkauf«, antwortete Emilia.

»Wir müssen noch so einiges für die morgige Prüfung herbeischaffen. Das wird ein Fest!«

Wenig später stieg Herr Bovist in sein großes schwarzes Auto und Emilia in ihr kleines rotes. »Ich fahre nach dem Einkaufen noch mit zu Emilia. Dort lade ich ein paar Stühle und Tische von ihr ein und bin am späten Nachmittag wieder zurück!«, rief Herr Bovist noch aus dem Fenster. Und weg waren sie.

♥

Zu dritt standen wir wieder um den Küchentisch herum und beäugten die Leckereien vor uns. Lilian stellte die zwei Fläschchen und sein Marmeladenglas dazu.

»Da ist es jetzt mal gut, dass Herr Bovist und Emilia nicht da sind«, sagte ich. »Damit sie das Elend nicht sehen.«

»Wir brauchen eigentlich nur drei verschiedene Träger«, bemerkte Lilian. »Einen für den Schnelligkeitszauber, einen für den Flugzauber und einen für den Tierverstehzauber.«

»Ich nehme Pralinen als Träger«, verkündete Anni.

»Die schmilzen«, sagte Lilian. »Dann klebt deine Essenz im Säckchen.«

Anni guckte enttäuscht.

Lilian sagte: »Vor allem sollten wir für jeden Zauber einen bestimmten Träger benutzen. Damit wir nicht durcheinanderkommen.«

Und das war natürlich irgendwie logisch!

Nach kurzem Hin und Her einigten wir uns: Bonbons für die Flugessenz, Kaugummis für den Schnelligkeitszauber und Gummibärchen für den Tierverstehzauber.

Die Bonbons legten wir einfach in die Flugessenz. Ruck, zuck saugten sie sich voll. Anni bohrte mit ihren Krallen Löcher in die Melonenkaugummis. Dann füllte ich den Schnelligkeitszauber mit einer Pipette hinein. Das war eine kniffligere Angelegenheit. Weil die Hälfte gleich mal durch die Gegend spritzte.

»Das reicht locker«, sagte Anni, als die Essenz für den Schnelligkeitszauber aufgebraucht war. »Mit Kaugummiresten zugestöpselt und fertig.«

Lilian fluchte beim Anblick seiner Gummibärchen. Weil sie sich mit der flüssigen Essenz vollsogen und sich riiiesig aufblähten.

»Monsterbärchen«, stellte Anni fest.

»Die trocknen bestimmt wieder«, sagte ich.

Und endlich, endlich lagen auf einem geblümten Teller achtzehn gefüllte Leckereien zum Trocknen.

»So hat jeder schon einmal sechs gefüllte Gutzis in seinem Notfallsäckchen«, sagte Lilian.

»Gutzis?«, fragte Anni kichernd.

»Die Knöterichs sagen zu den gefüllten Trägern *Gutzis*«, erklärte Lilian.

»Das finde ich gut«, sagte ich. »Ein Codewort, sozusagen.«

Anni nickte: »Zwei Gutzis lassen mich fliegen wie ein Vogel, zwei lassen mich rennen wie einen Geparden, und zwei Monsterbären lassen mich Tiere verstehen.«

»Es muss ja keiner wissen, dass sie mit nur drei unterschiedlichen Essenzen gefüllt sind«, sagte ich.

»Stimmt!«, antwortete Anni.

»Trotzdem eine mickrige Ausbeute«, sagte ich. Und ein dicker Kloß steckte in meinem Hals. »Was ist, wenn wir morgen unsere Gutzis vorstellen müssen?«

»Da fällt uns schon was ein!«, sagte Anni.

Ich nickte. »Dann kümmern wir uns jetzt um Tim. Sonst kommen wir vor lauter Leni morgen zu spät zur Prüfung.«

»Aber zuerst verstecken wir den Gutzi-Teller«, sagte Lilian.

Und das machten wir dann auch. Er passte genau unter Herrn Bovists schwarzen Hut auf der Hutablage.

Kurz darauf saßen wir drei vor dem Hexenhäuschen und beratschlagten.

»Wir fliegen zu Amanda«, meinte Anni. »Am besten unsichtbar.«

»Mmmh«, machte ich. Die Ideenmurmeln rollten im Höllentempo durch meinen Kopf. »Eigentlich müssen wir ja gut sichtbar mit Tim *reden*. Und ihn zu Leni locken. Erst wenn die beiden zusammen sind, können wir sie mit den Liebesherzen füttern.«

»Wir sperren sie in den Schuppen«, schlug Lilian vor. »Und sie dürfen erst wieder raus, wenn jeder ein Herz gegessen hat.«

Die Idee war nicht schlecht.

»Am helllichten Tag außerhalb des Zaubergartens zu fliegen ist eh zu gefährlich«, überlegte ich. »Da werden wir noch gesehen. Und stehen morgen in der Zeitung. Dann können wir uns die Prüfung auch in die Haare schmieren.«

Lilian zeigte auf sein funkelndes Schwein, das gerade

mit der Nase in einem Maulwurfshügel steckte. »Außerdem muss Susi mit. Ich lasse sie nicht allein.«

»Dann ist ja alles klar«, fasste Anni zusammen. »Auf zu Amanda!«

Auf zu Amanda

Um den Zaubergarten zu verlassen, mussten wir das schwarze Tor benutzen.

Lilian schlüpfte als Erster hindurch. Und schaute nach links und rechts. »Die Luft ist rein!«, raunte er.

Wie der Wind sausten Anni und ich auf den Gehweg und weiter die Scheffelstraße runter in Richtung Stadtwald. In diesem Viertel der Stadt stehen wirklich schöne Häuser. In prächtigen Gärten. Und sie werden immer schicker, je näher man der Waldgrenze kommt.

»Da vorne muss es sein«, sagte ich, als ich die rot-weißen Absperrpfosten erblickte, die den Fußweg in den Wald hinein markieren.

»Hier gibt es aber einige weiße Villen mit schwarzen Dächern«, bemerkte Anni.

Eine Frau bewunderte Glitzer-Susi.

»Wissen Sie vielleicht, wo Amanda wohnt?«, fragte ich sie. »Ihre Familie ist noch nicht lange in der Stadt.«

»Du meinst bestimmt die Familie Dornhagen«, antwortete die nette Frau. »Das ist das vorletzte Haus auf der linken Seite.«

Wir bedankten uns artig und überquerten die Straße.

»Da stehen viele Fahrräder am Zaun«, sagte Lilian. »Wir sind richtig.«

Ich erkannte Tims neongrünes Rad. Direkt neben dem vornehmen Gittertor. Dahinter führte eine lange Kiesauffahrt zu einem prächtigen Haus.

»Boah!«, machte Anni. »Das Haus ist ja so groß wie unser ganzes Mietshaus. Und bei uns gibt es vier Wohnungen mit vier Familien drin!«

Anni wohnt mit ihrer Mama in einer kleinen Wohnung im ersten Stock.

»An der Seite ist ein kleines Tor für Fußgänger«, bemerkte Lilian. Es quietschte kein bisschen, als wir es öffneten. Dafür knirschte der Kies unter unseren Füßen, als wir die lange Auffahrt entlanggingen. Zur prächtigen Haustür kam man über zwei breite Stufen. Sie glänzte in dunkelblauem Lack. Und zwei Säulen stützten das spitze Vordach. Sehr, sehr schick sah das aus.

Ich spitzte die Ohren. »Hört ihr auch das Kreischen und Lachen? Der riesige Pool ist bestimmt hinterm Haus«, sagte ich.

Also nahmen wir den weißen Plattenweg um das Haus herum. Der Garten war superordentlich gepflegt. Hier gab es keine einzige Efeuranke. Dafür kugelrunde Büsche und Bäume und kerzengerade Prachtblumen in Weiß.

»Susi!«, rief Lilian plötzlich, der mit dem Schwein an der Leine das Schlusslicht unserer kleinen Truppe bildete. »Stopp!«

Ich sah gerade noch, wie Susi mit schleifender Glitzerleine zwischen den Kugelbüschen verschwand. Und Lilian nur wenige Sekunden später auch.

Anni und ich guckten uns ratlos an.

»Er wird Susi schon einfangen«, meinte Anni schließlich schulterzuckend. »Wir suchen schon mal Tim.«

Als wir um die Ecke bogen, musste ich die Augen zusammenkneifen. Sosehr blendete das strahlende Weiß all überall in der Mittagssonne. Das Haus, die riesigen Sonnenschirme und die Sonnenliegen: Alles strahlte im reinsten Zahnpastaweiß.

»Potz Blitz!«, raunte Anni. Sie hatte nur Augen für den türkis glitzernden Pool. Oh, wie war er schön. Flache Stufen führten muschelförmig in das lange Becken.

Im Pool war ordentlich was los. Weil alle Pubertiere im türkisfarbenen Wasser planschten. Eine aufblasbare Törtchenluftmatratze schwamm auch noch darin.

Anni und ich stellten uns an der Längsseite des Beckens auf. Direkt vor den schicken Liegestühlen. Jetzt hatte Tim uns bemerkt und schwamm an den Beckenrand.

»Hallo, Tilda!«, sagte er und guckte sehr, sehr verwundert.

»Kennst du die?«, fragte ein Mädchen mit raspelkurzen schwarzen Haaren und Sportbadeanzug. Triefend standen die beiden nun vor uns.

»Bist du etwa Amanda?«, musste ich fragen. Die sah ja kein bisschen wie eine vornehme Prinzessin aus. Eher wie eine Kampfschwimmerin. Aber gut.

Das Mädchen nickte. »Was macht ihr hier?«, fragte sie und zog dabei die Augenbrauen so hoch, dass sie fast mit den Stoppelhaaren verschmolzen.

»Das ist Tilda«, sagte Tim. »Lenis Schwester.«

»Süß!«, sagte Amanda. »Und wo steckt Leni?«

»Ich bin kein bisschen süß«, stellte ich erst einmal klar. »Und wo Leni steckt, kann ich dir leider nicht verraten.«

Anni stupste Tim mit dem Zeigefinger in den Bauch und sagte geheimnisvoll. »Aber wir sind gekommen, um dich zu ihr zu bringen.«

»Pah!«, rief Tim. »Erst soll sie sich entschuldigen.«

Ich war verwirrt. »Für was soll Leni sich entschuldigen?«, musste ich fragen.

»Sie hat mir eine Ohrfeige gegeben«, sagte Tim und guckte finster. »Hier am Pool. Vor allen!«

Oha! *Das* hatte Leni uns verschwiegen.

»Genau *deshalb* bringen wir dich zu ihr«, sagte Anni. »Sie möchte sich bei dir entschuldigen. Unter vier Augen. Ohne die anderen.«

»Wie jetzt?«, fragte Tim verdattert.

»Zieh dich an und komm mit, ganz einfach«, sagte Anni.

Inzwischen standen sämtliche Jugendlichen aus Lenis Clique um uns herum. Alle quatschten durcheinander.

Leider sah ich genau in dem Moment das Susi-Schwein. Im Schweinsgalopp und mit wehenden Ohren raste es glitzernd und funkelnd auf uns zu. Die Leine schleifte hinter ihm her. Und jetzt stürmte Lilian zwischen den Kugelbüschen hindurch. »Susiii!«, brüllte er. »Stopp!«

Aber Susi wühlte sich durch die vielen nackten Menschenbeine.

»Was ist denn das?«, kreischte Nele und taumelte bei Susis Anblick. Leider schupste sie dabei das kleine Schwein in den Pool. Platsch! Wasser spritzte auf.

»Susi!«, brüllte Lilian wieder. Und sprang in hohem Bogen hinterher. Sehr, sehr tief tauchte er ein. Die Wasseroberfläche schloss sich über seinem Kopf.

»Lilian!«, rief ich, und mein armes Herz pochte im Eiltempo gegen die Rippen.

Jetzt tauchte Lilians Kopf wieder über Wasser auf. Er prustete und schnaubte.

Susi paddelte neben ihm mit allen vier Beinchen und hochgerecktem Rüssel. Lilian packte sein Schwein am Glitzergeschirr und hievte es auf die Törtchenluftmatratze.

Wir am Rand applaudierten stürmisch.

»Ein Schweineretter!«, rief ein Junge in gelber Badehose.

Ich raunte Anni ins Ohr: »Er kann ja tatsächlich schwimmen.«

»Ganz ohne Schwimmzauber«, sagte Anni lachend. »Wer hätte das gedacht!«

Lilian schob die Luftmatratze mitsamt Schwein schwimmend vor sich her zum Beckenrand. Mit einem Satz war das Schwein auf dem Trockenen.

»So ein cooles Ferkel!«

»Ist das niedlich!«

»Ist das ein Hausschwein?«

Die Jugendlichen kreischten wieder wild durcheinander.

Ich packte Tim am Arm. »Kommst du jetzt mit zu Leni?«, fragte ich ihn.

»Ich ziehe mich nur schnell um«, antwortete er. »Wir treffen uns vorne an den Fahrrädern.« Schon verschwand er durch eine der Flügeltüren im Haus.

Lilian war noch im Pool unterwegs. Besser gesagt schwamm er im tiefen Wasser hin und her. Komplett mit seinen Klamotten.

»Lilian!«, rief ich ihm zu. »Wir müssen los!«

»Ich bleibe hier«, rief Lilian zurück. »Ein Pool eignet sich am besten für mein Training! Die Ostsee rückt langsam näher!«

Plötzlich stand Amanda im Blümchenkleid neben mir.

»Ich komme mit zu Leni«, sagte sie.

»Auf keinen Fall!«, antwortete ich.

»Ich möchte doch auch, dass Leni und Antonia wieder mit zu mir kommen«, sagte Amanda. »Es ist schade, wenn wir so wenig Mädchen sind.« Sie zeigte auf Nele, die als einziges weibliches Wesen mit den Jungs im Pool planschte.

»Du kannst aber nicht mit!«, sagte ich noch mal. »Niemals nie!«

Doch Amanda hörte mir gar nicht zu. Schnurstracks lief sie auf dem Plattenweg um die Hausecke herum.

»Sapperlot!«, rief Anni.

Gleichzeitig flitzten wir hinter Amanda her. Auf der Einfahrt überholten wir sie und versperrten ihr den Weg. Anni zog ihr rotes Ledersäckchen aus der Rocktasche.

»Probiere mal dieses überaus leckere Bonbon«, sagte sie und steckte dem kurzhaarigen Mädchen eine gelbe Zuckerkugel hin.

»Anni!«, zischte ich. Weil ich Gunnars Bonbon sofort erkannt hatte.

»Ich esse keine Bonbons«, sagte Amanda. »Die kleben

so an meiner festen Zahnspange.« Sie zeigte uns mit gebleckten Zähnen den silbrigen Draht.

»Pah!«, machte Anni. »Wie du willst: Dann nehmen wir dich eben nicht mit!«

»Okay, okay«, sagte Amanda und guckte genervt. »Gib das olle Bonbon her!«

Schwupps! Die Zuckerkugel war hinter dem vielen Draht verschwunden. Stocksteif wurde das Mädchen. Nicht mal eine einzige Wimper zuckte.

»Los!«, raunte Anni. »Hinter die Kugelbüsche mit ihr.«

Ich packte Amandas Fußknöchel. Anni fasste dem starren Mädchen unter die Achseln. Ruck, zuck hatten wir sie hinter dem Grünzeug verstaut.

»Wir müssen Gunnar dankbar sein«, sagte Anni kichernd. »Seine Bonbons sind einfach spitze.«

Den Erstarrungszauber hatte Gunnar gebraut. Eigentlich, um Anni und mich in Salzsäulen zu verwandeln. Aber wir waren natürlich nicht auf seine Gutzis hereingefallen!

Die blaue Eingangstür öffnete sich, und Tim erschien. »Tut mir leid!«, rief er mir zu und rannte zu seinem Fahrrad am Zaun. »Ich musste noch aufs Klo!«

Da hatten wir aber Glück gehabt.

»Geh du mit Tim zu Leni«, flüsterte Anni. »Ich halte

hier die Stellung und passe auf Amanda, den Schwimmer und das Schwein auf.«

Ich schluckte. Eigentlich wollte ich meine Freundin lieber mitnehmen.

Tim bremste quietschend neben mir.

»Steig auf«, sagte Lenis Freund und zeigte auf seinen Gepäckträger. Da hatte nur eine von uns Platz.

»Gut!«, sagte ich deshalb. »Wir treffen uns später am blauen Zelt.«

»Klar wie Klößchenbrühe«, antwortete Anni und zwinkerte mir zu.

Mama und Papa haben mir ja streng verboten, jemals auf einem Gepäckträger mitzufahren. Aber das hier war schon wieder ein Notfall. Eindeutig!

Ich kletterte hinter Tim aufs Rad. Und bevor ich noch einen letzten Blick auf den Kugelbusch mit der erstarrten Amanda werfen konnte, brausten wir auch schon durch das Eisentor und die schmale Straße entlang in Richtung Scheffelstraße.

Ich dirigierte Lenis Freund bis zum Haus von Oma und Opa und durch das seitliche Gartentor. Und weil der riesige Garten von vielen Wegen durchzogen ist, konnten wir mit dem Fahrrad prima bis vor die Schuppentür fahren.

Ausnahmsweise hüpfte mein Herz freudig, als ich Leni und Antonia vor dem Schuppen sitzen sah. Tim bremste scharf. Direkt vor den beiden Mädchen.

»Hallo!«, sagte er.

Leni rappelte sich auf. Ihre Augen waren sehr, sehr schmale Schlitze.

Ich sagte schnell: »Tim sucht dich schon seit Tagen. Weil ihm sein doofer Spruch leidtut. Und dass er so cool vor Amanda machen musste, tut ihm auch leid.«

»Was ist los?«, rief Tim und starrte mich an.

Ich konzentrierte mich gewaltig. Es durfte nichts schiefgehen.

Zu Tim sagte ich: »Leni schämt sich furchtbar. Weil sie dir eine geknallt hat. Und das auch noch vor allen anderen.«

»Was?«, kreischte Leni.

Antonia saß am Boden und machte keinen Mucks.

Lenis Augen wurden feucht. »Du, du, du«, stotterte sie und guckte mich wütend an. Dann drehte sie sich mit einem Ruck um und warf sich auf die Matratzen im Schuppen.

Das war die Gelegenheit. Ich schob Tim in Richtung Hütte.

»Setz dich mal neben Leni«, sagte ich mit strenger Stimme. Und weil Tim nur ein zaghaftes Schrittchen machte, schubste ich ihn. Mit voller Wucht.

»He!«, rief der große Junge. Halten konnte er sich nicht mehr. Fast fiel er auf Leni drauf.

Ich zog in Windeseile die Herzschachtel aus dem Rucksack.

»Für jeden von euch gibt es jetzt ein leckeres Herz«, sagte ich und legte zwei Pralinen zwischen die Pubertiere. »Und dann ist alles gut.«

Peng!, knallte die Schuppentür zu, und ich schob schnell den Riegel vor.

»He!«, kreischte Lenis Stimme aus dem Innern. »Hast du 'nen Knall?«

»Herzchen essen, aber flott!«, rief ich zurück. »Vorher lasse ich euch nicht aus dem Schuppen raus. Und ich bleibe hart, das kann ich euch versprechen!«

Antonia saß im Gras und starrte mich an.

»Ich habe keinen Knall«, erklärte ich ihr. »Ich kann das ganze Elend nur einfach nicht mehr ertragen.«

Und dann spähte ich durch das klitzekleine Schuppenfenster.

Leni und Tim saßen auf den Matratzen und guckten sich finster an.

»Jetzt macht schon!«, rief ich. »Die sind lecker!«

Antonia stellte sich neben mich. »Ich weiß nicht, ob es hilft, wenn du die beiden im Schuppen einsperrst!«, bemerkte sie.

»Es *muss* helfen«, sagte ich. »Und für dich ist es doch auch schöner, wenn du mit Leni im kühlen Pool baden kannst. Statt hier am Schuppen zu sitzen.«

Antonia nickte.

Wieder guckte ich durchs Fenster. Mein Herz machte einen Hüpfer. Vor lauter Glück. Weil Tim gerade ein Schokoherz in seinen Mund warf. Wahrscheinlich, weil er sonst nichts zu tun hatte. Denn die beiden sprachen immer noch nicht miteinander. Tim kaute langsam. Und schluckte. Endlich sagte er etwas. Leider verstand ich kein Wort. Dann nahm er das andere Herz und hielt es Leni vor die Lippen.

»Nun mach schon«, flüsterte ich.

Und endlich, endlich verschlang auch Leni das Herz mit einem Happs.

Ich hielt den Atem an. Tim lächelte. Und Leni lächelte zurück.

»Volltreffer!«, flüsterte ich und drehte mich zu Antonia

um. »Ich zähle jetzt bis hundert. Dann dürfen die beiden wieder raus!«

Antonia und ich zählten dann doch lieber nicht. Weil Lenis Freundin mir die Nägel in Glitzergrün lackierte. Und das dauerte ein Weilchen.

Als alle Nägel trocken waren, linsten wir wieder durchs Fenster. Meine Schwester und Tim hockten auf den Matratzen. Und hielten Händchen. Dabei guckten sie sich tief in die Augen. Und sie redeten und redeten.

Also riss ich die Schuppentür auf.

»So!«, rief ich. »Feierabend! Das Schuppencamp wird genau *jetzt* geschlossen.«

Tim lachte. Leni seltsamerweise auch. Und dann zog Tim meine Schwester aus dem Schuppen. Und alle drei Pubertiere machten sich kichernd und plappernd auf den Weg. Wohin auch immer!

»Volltreffer!«, sagte ich und guckte auf meine Armbanduhr.

Ob Anni und Lilian schon zurück im Zaubergarten waren?

»Amanda müsste auf alle Fälle wieder beweglich sein«, sagte ich laut. Aber bevor ich zu den anderen aufbrach, holte ich noch Prinzessin Milla aus Omas Gästezimmer.

»Dich kann ich morgen wunderbar bei der Prüfung zei-

gen«, erklärte ich meiner Lieblingsblume. »Ein so prächtiges Exemplar hat die Welt noch nicht gesehen!«

Wenigstens meine wunderschöne Prinzessin hatte überlebt.

Ich steckte Milla in Herrn Bovists Stofftasche und hängte sie mir um den Hals. Und weil der Schuppen endlich, endlich nicht mehr besetzt war, konnte ich dort einfach die Arme ausbreiten und abheben.

Fröhlich pfeifend flog ich über die Baumwipfel des Dschungels. Milla baumelte unter mir in der frischen Luft. Das Gewächshaus tauchte auf. Kein Gunnar weit und breit.

Unbemerkt nahm ich Kurs auf das Hexenhaus und landete elegant. Direkt an der Hintertür. Die Zauberblume stellte ich auf das Fensterbrett in der Küche. Gut verdeckt vom Vorhang.

Und dann flitzte ich endlich zum blauen Zelt.

Aus dem Innern hörte ich es lachen.

»Buuuh!«, rief ich und zog den Zelteingang zur Seite.

»Ha!«, machte Lilian und verschüttete seine Limonade über den grünen Schlafsack.

»Tilda, endlich«, sagte Anni und schenkte mir auch ein Glas pipigelbe Flüssigkeit ein. »Komm rein und erzähl uns alles.«

Rupert brauchte im kleinen Zelt sehr viel Platz. Und er schnarchte unglaublich laut. Gemütlich war es trotzdem. Unter der blauen Plane berichtete ich von meinem Nachmittag.

»Die Liebesperlen waren ein voller Erfolg«, sagte ich abschließend. »Das Schuppencamp gehört wieder uns allein.«

»Das sind doch mal richtig gute Nachrichten«, sagte Anni.

Lilian nickte. Und dann erzählte er von seinem Schwimmerfolg: »Ich hatte fast keine Angst. Joshua hat mir sogar seine Ersatzbadehose ausgeliehen. Weil meine Kleider mich im tiefen Wasser ganz schön nach unten gezogen haben. Und Schwimmtipps hat er mir auch gegeben. Weil Anni keine Zeit hatte. Sie musste ja dauernd nach Amanda schauen.«

Anni kicherte. »Ich hab so getan, als ob ich ständig Pipi müsste«, sagte sie. »Zum Glück sind Amandas Eltern tags-

über bei der Arbeit. Sie haben eine große Firma. Oder so. Und die Haushälterin ist im Urlaub. Ich konnte ungestört durch Haus und Eingangstür huschen.«

Und schließlich war Amanda nach einiger Zeit verwundert aus den Büschen hervorgekrochen.

Wir prosteten uns mit den Limonadengläsern zu.

»Ist Herr Bovist schon zurück?«, fragte ich nach einer Weile.

Das war er nicht.

Also zog ich Lilians gelbes Kreisheft aus einem Kleiderhaufen. Und dann lasen wir uns abwechselnd daraus vor. Bis ich auf meine Uhr guckte und einen Schreck bekam. »Mama taucht gleich mit dem Abendessenkorb im Schuppencamp auf. Wir müssen los!«

Wir schafften es gerade noch, über die Mauer zu flattern. Schon trudelte Mama ein.

»Siehst du, Tilda-Schatz«, sagte sie und stellte eine Schüssel mit klitzekleinen Pfannkuchen auf den runden Tisch. »Jetzt habt ihr den Schuppen wieder für euch. Leni hat ihren Liebeskummer überwunden. Manchmal muss man nur etwas Geduld haben, dann löst sich vieles von allein!«

Na ja!

Nach dem Essen schrieb ich in mein Tagebuch:

Donnerstag, 10. Juli

Morgen ist der große Tag!

Wir müssen den Kreismitgliedern unser Können zeigen. Mit nur drei verschiedenen Zauberessenzen im Notfallsäckchen! Ich hoffe, wir schaffen es!

»Haaallooo!«, hörte ich es plötzlich rufen. Und noch mal: »Haaallooo!«

»Kommt das vom Zaubergarten?«, fragte Anni und starrte zur Mauer.

»Hallo?«, rief ich zurück.

»Kommt mal rüber!«, rief Lilians Stimme.

Verwundert rappelten Anni und ich uns auf.

»Wie gut, dass Leni wieder glücklich ist«, sagte ich, bevor ich die Arme ausbreitete und hinter Anni herflatterte.

Unten im Zaubergarten stand Lilian mit Rupert und Glitzer-Susi an der Leine.

»Herr Bovist ist noch nicht zurück«, erzählte unser Freund. »Dabei wollte er doch schon am späten Nachmittag nach Hause kommen. Und jetzt ist es bald dunkel!«

»Seltsam«, sagte ich.

»Vielleicht steht Herr Bovist im Stau«, meinte Anni. »Und er hat ja kein Handy.«

»Wir kommen mit zum Hexenhaus«, schlug ich vor. »Dann können wir zusammen warten. Oder bei Emilia anrufen. Wir haben Oma und Opa schon gute Nacht gesagt. Sie tauchen bestimmt nicht noch mal beim Schuppen auf.«

Zusammen schlugen wir uns durch das dichte Grün. Wobei es in der Dämmerung schon nicht mehr ganz so grün leuchtete. Sondern graugrün. Oder schwarzgrün. Auf jeden Fall duster. Im Gewächshaus lag Kalli bereits in seiner Schlafkiste und döste vor sich hin. Und gerade als wir durch das Tannenwäldchen liefen, hörten wir es: einen lauten Motor. Es knatterte und röhrte. Minutenlang.

»Das ist doch nicht Herrn Bovists Auto?«, rief ich gegen den Lärm an.

Dann war es plötzlich still. Wir schlichen zur Hecke, die die Hexenhauslichtung umgibt. Und spähten zur Auffahrt.

Dort stieg gerade ein sehr großer Mensch in schwarzer Lederkleidung von einem schwarzen Motorrad. Er trug einen Helm. Trotzdem wusste ich sofort, wer da eingetroffen war.

»Gunnar«, flüsterte auch Anni.

»Was will der schon wieder hier?«, fragte Lilian. »Und wo ist Herr Bovist?«

Jetzt nahm Gunnar den Helm ab.

»Hallo!«, rief er. »Jemand zu Hause?«

»Pah!«, machte Lilian leise und hielt Susis Glitzerleine sehr, sehr fest umklammert.

»Pscht!«, sagte ich zu Rupert, der leise knurrte. Gebannt starrten wir auf die Lichtung.

»Lilian!«, rief Gunnar jetzt. Mit großen Schritten marschierte er zum blauen Zelt. Dort ging er in die Hocke und zog den Reißverschluss des Zelteingangs auf.

»Wo steckt dieses Gör?«, sagte er grummelnd, als er wieder auftauchte und sich suchend umschaute.

Wir machten uns hinter der Hecke klitzeklein.

»Liliaaan!«, brüllte Gunnar nun durch die geöffnete Haustür ins Hexenhaus hinein.

Keine Antwort, ist ja logisch!

»Das gibt's doch nicht«, sagte Gunnar.

Fluchend stürmte er mit langen Schritten über die Wiese und tauchte ins Tannenwäldchen ein.

»Liliaaan!«, hörten wir ihn wieder brüllen.

»Jetzt sucht er dich im Gewächshaus«, bemerkte Anni.

»Was will er von mir?«, fragte Lilian etwas ängstlich in die Runde.

»Schnell«, rief ich und sprang auf. »Wir riechen an Prinzessin Milla. Unsichtbar haben wir alles im Blick. Und wir sind sicher vor Gunnar!«

Flink wie die Wiesel wuselten wir zur Hintertür. In der Küche zog ich den Vorhang zur Seite. Groß und elegant streckte mir die Unsichtbarkeitsblume ihren Kopf entgegen.

Plöpp! Ich war verschwunden.

Plöpp! und *Plöpp!* Auch Anni und Lilian waren nicht mehr zu sehen. Nur Rupert und Susi standen gut sichtbar neben dem Küchentisch.

»Und jetzt?«, fragte Lilian. »Sollen wir auch zum Gewächshaus?«

»Liliaaan!«, brüllte es ganz in der Nähe.

»Er kommt schon zurück!«, sagte Anni.

»Drückt euch an die Wand«, wisperte ich. »Macht euch dünn wie Flundern.«

Kaum hatte ich ausgesprochen, stürmte Gunnar auch schon in die Küche. Sein Blick fiel natürlich sofort auf Rupert und Susi. Ruckartig blieb er stehen.

»Wo kommt ihr denn jetzt her?«, fragte er. »Und wo ist der Junge?«

Fast musste ich kichern. Denn die beiden Tiere guckten Gunnar nur stumm an. Ist ja klar! Weil der Tierverstehzauber eben noch nicht auf dem Markt war.

»Mir reicht's«, sagte Gunnar jetzt. »Ich bin doch kein Babysitter.«

Er schnappte sich Herrn Bovists Einkaufsblöckchen. Daran hängt praktischerweise ein Stift. An einem langen Bindfaden.

Ich reckte meinen unsichtbaren Hals. Gunnar schrieb in krakeligen Druckbuchstaben:

An Lilian:

Konrad Bovists Auto springt nicht an. Er bleibt über Nacht bei Emilia und kommt erst morgen – sehr früh – mit ihr zusammen zurück. Es ist wünschenswert, dass Kinder ans Telefon gehen, sobald es klingelt!

Gunnar

Gunnar war hier, um Lilian eine Nachricht von Herrn Bovist zu überbringen! Da war ich schon einmal erleichtert. Aber genau in dem Moment fiel Gunnars Blick auf das kleine Regalbrett an der Wand. Schön aufgereiht standen dort kleine Gläschen und Fläschchen. Unsere Essenzen. Besser gesagt: die Attrappen!

Gunnar schnappte sich nun hastig die Glasbehälter und entleerte sie ins Waschbecken! Mit offenem Mund guckte ich zu.

Jetzt hielt er jedes Fläschchen unter den Wasserhahn. Gut gefüllt stellte Gunnar sie zurück aufs Regalbrett.

Ich hielt ganz still. Und atmete in die Füße. Zur Beruhigung. Von Anni und Lilian kam kein Mucks.

Gunnar rieb sich die Hände. »Viel Glück bei der Prüfung morgen!«, sagte er und zog eine hässliche Grimasse. Dann schob er seinen Zettel mit der Nachricht gut sichtbar in die Tischmitte.

Das Küchenlicht ließ er brennen, als er durch das Wohnzimmer und die Haustür stürmte. Sekunden später heulte das Motorrad auf. Knatternd und lärmend verschwand es mit dem garstigen Gunnar von der Auffahrt.

»Diese missgünstige Wurst!«, sagte Annis Stimme irgendwo am Fenster.

»Aber wir sind hundertmal schlauer als er«, sagte ich.

Genau in dem Moment klingelte das Telefon.

»Das ist bestimmt Herr Bovist«, rief Lilian. »Oder Oma Emilia.«

Seine Stimme verschwand in Richtung Wohnzimmer.

»Ja, ja«, sagte Lilian in den Hörer. »Gunnar war hier und hat mir eine Nachricht hinterlassen. Ich weiß Bescheid. Nein, ich fürchte mich nicht allein im Zaubergarten.«

Draußen war es stockdunkel, als endlich alles geklärt war. Unsichtbar verabschiedeten wir uns an der grünen Haustür von Lilian, Susi und Rupert. Ohne Taschenlampe und wild piepsend stolperten Anni und ich am Zelt vorbei und in Richtung Tannenwäldchen.

Da rief Lilians Stimme hinter uns her: »Kann ich heute Nacht vielleicht bei euch im Schuppen schlafen?«

Das konnte er natürlich. Und Susi auch.

»Nur du musst leider hier die Stellung halten«, sagte ich zu Rupert und kraulte seinen Kinnbart.

Lilian schrieb auf einen neuen Zettel:

Ich schlafe mit Susi bei Tilda und Anni im Schuppen.
Wir sind rechtzeitig zur Prüfung da!
Lilian

Dann löschte er das Licht. Rupert lag da schon ausgestreckt auf seinem riesigen Kissen im Wohnzimmer und schnarchte.

Wegen Susi benutzten wir das große, schwarze Eisentor. Die Scheffelstraße lag verlassen vor uns. Nur die Straßenlaternen leuchteten uns den Weg.

Unsichtbar und piepsend tapsten wir durch den finsteren Garten meiner Großeltern und bis zum Schuppen. Wir wurden erst wieder sichtbar, als wir im Schein der Taschenlampen unser Nachtlager richteten.

»Sehr gemütlich«, sagte Lilian, der wenig später mit Susi in der Mitte lag.

»Seid ihr auch so aufgeregt?«, fragte ich meine Freunde. »Wegen der Prüfung morgen?«

»Und wie!«, sagte Lilian. »Es muss einfach alles klappen!«

»Und wie alles klappen wird«, sagte Anni und gähnte. »Macht euch mal keine Sorgen!«

Und weil es schon richtig, richtig spät war, schlief ich trotz der Aufregung ein.

An diesem Freitag wurde ich wach, weil ich in meinem Schlafsack furchtbar schwitzte. Gähnend angelte ich nach meiner Uhr. Und bekam einen riiiesigen Schreck!

»Aufstehen!«, brüllte ich meinen Freunden ins Ohr.

»Was?«, grummelte Anni verschlafen.

»Die Prüfung beginnt in einer halben Stunde«, rief ich, während ich schon in meine roten Shorts schlüpfte. »Wir haben fast verschlafen!«

So schnell hatten wir uns noch nie umgezogen.

»Zum Frühstücken haben wir keine Zeit mehr«, sagte ich, während ich ein Stück Papier und einen Stift aus der Zeitschriftenkiste kramte. »Ich schreibe Oma eine Nachricht.«

Hallo Oma,

leider können wir heute nicht mit euch frühstücken. Wir haben nämlich einen sehr, sehr wichtigen Termin.

Liebe Grüße, Tilda und Anni

Ich hängte die Nachricht gut sichtbar an die Schuppentür. Anni verteilte trockenes Brot vom Abendessen.

»Mit leerem Bauch kann ich nicht denken«, erklärte sie.

Dann hievten wir das Susi-Schwein auf der Leiter über die große Mauer in den Zaubergarten.

»Was für ein Glück, dass Leni nicht mehr das Schuppencamp besetzt«, bemerkte ich einmal mehr zufrieden. Das fanden die anderen auch.

Als ich hinter Anni durch den Dschungel hetzte, bemerkte ich ihre zerzausten Pantherhaare.

»Wir hätten uns wenigstens noch kämmen sollen!«, sagte ich und fasste in meine Locken. Mit den Fingern kam ich gar nicht durch.

»Dafür haben wir die Nägel schön!«, rief Anni und hielt ihre Glitzerkrallen hoch. Und das stimmte.

Als wir durch den Tannenwald galoppierten, hörten wir schon sehr, sehr viele Stimmen. Und als die Lichtung im Sonnenlicht vor uns lag, staunten wir nicht schlecht. Auf

der Wiese vor dem Hexenhaus sah es aus wie bei einem Sommerfest: Tische, Bänke und Stühle standen unter bunten Sonnenschirmen. Blumige Tischdecken, kleine Blumensträuße und Karaffen mit Limonade verzierten die Tische. Und gerade trat Viola mit Platten voller Kuchenstücken und Keksen aus der grünen Tür.

»Hallo, ihr drei!«, rief sie uns mit ihrer zartseidenen Stimme zu. »Wie schön, dass ihr da seid!«

Überhaupt waren so viele, viele Leute da. Alle begrüßten uns freudig.

»Wie geht es euch?«

»Seid ihr aufgeregt?«

»Euer großer Tag ist da!«, redeten die Stimmen durcheinander. Ganz wirr wurde mir zumute. Vor lauter Aufregung. Aber dann leckte Rupert meine Hand, und ich beruhigte mich etwas.

Anni, Lilian und ich huschten zur Hutablage. Vorsichtig zogen wir den Gutzi-Teller hervor und schlossen uns damit im winzig kleinen Badezimmer ein. »Ihr müsst draußen warten«, erklärte ich Susi und Rupert. »Es ist hier eindeutig zu eng.«

Der Teller mit den gefüllten Leckereien stand nun auf dem heruntergeklappten Klodeckel. »Unsere Träger sehen phantastisch aus!«, sagte Anni. »Und lecker!«

Und das stimmte. Selbst der Anblick der getrockneten Gummibärchen machte Appetit.

Wir teilten die Zauberleckereien auf. Jeder steckte seine Portion ins eigene kleine Ledersäckchen.

Und dann legten wir die Arme umeinander. Eng umschlungen murmelten wir: »Tilda, Anni, Lilian – auf jeden von uns kommt es an!«

Boooaaang!, hallte ein lauter Gong durch das Hexenhaus. Und noch mal: *Boooaaang!*

»Es geht los!«, sagte Lilian leise.

»Wir schaffen das!«, feuerte ich uns ein letztes Mal an.

Und dann öffnete Anni die Badezimmertür, und wir drei Prüflinge stellten uns den Mitgliedern des Kreises.

»Willkommen!«, rief Herr Bovist und zog uns neben sich auf die oberste Treppenstufe vor der grünen Haustür. »Willkommen, liebe Kreismitglieder. Willkommen, liebe Prüflinge.«

Ich war sooo aufgeregt. Hunderttausend Ameisen flitzten durch meinen gesamten Körper.

Viele, viele Augenpaare schauten uns erwartungsvoll an. Fast alle Plätze waren belegt. Manche Leute kannte ich schon von unseren letzten Abenteuern. Zum Beispiel Claudius mit dem Pferdeschwanz. Und natürlich den bärtigen Erik, der einmal auf Gunnars Erstarrungsbonbon hereingefallen war.

»Ich freue mich sehr, euch heute die jüngsten Mitglieder unseres Kreises vorstellen zu können«, sagte Herr Bovist mit feierlicher Stimme. »Matilda, Annemarie und Lilian.«

»Noch sind sie es nicht«, hörte ich Gunnars Meckerstimme. Er saß in der letzten Reihe. Dieser garstige Miesepeter.

Herr Bovist redete einfach weiter. »Die Kinder waren in den letzten Tagen fleißig mit der Prüfungsvorbereitung beschäftigt. Damit ihre Nervosität nicht ins Unermessliche steigt, beginnen wir auch sofort mit dem ersten Teil.« Der alte Mann lächelte uns freundlich an. »Ihr dürft uns nun erklären, welche Zauberblumen ihr für eure Notfallsäckchen gezüchtet und verarbeitet habt. Dazu könnt ihr selbstverständlich eure gefüllten Träger präsentieren.«

Alle Kreismitglieder nickten zustimmend.

Gunnar stand auf und räusperte sich laut. »Ich bezweifle, dass diese Kinder eine brauchbare Essenz hergestellt haben«, sagte er. »Ich war die letzten Tage als Beobachter im Garten unterwegs. Unfug haben diese Kinder getrieben, sonst nichts.«

Lilian schnappte sich Susi und rief: »Dann führe ich dir meine Essenz doch gleich mal vor. Ich habe die Zeit hier genutzt, um meine Forschung voranzubringen.«

»Hört, hört«, sagte Gunnar.

Lilian zog seinen blauen Lederbeutel aus der Hosentasche. Jetzt hielt er ein rotes Gummibärchen in die Höhe. Unser Freund steckte sich das Gutzi in den Mund und kaute. Alle, wirklich alle, starrten ihn an.

»Oooaaahhh!«, raunte die Menge mit aufgerissenen Augen.

Ich verschluckte vor Schreck mein Melonenkaugummi.

Der hübsche Lilian war über und über behaart. Wie langes Fell quoll die Behaarung aus seinem T-Shirt und aus den Hosenbeinen hervor.

»Gute Güte«, sagte Herr Bovist.

Viola starrte ihren pelzigen Sohn mit offenem Mund an. Aber es kam noch schlimmer: Lilians Ohren wuchsen und wuchsen, seine Nase zuckte wie die von Susi, und an seinen behaarten Fingern leuchteten weiße Krallen in der Vormittagssonne.

»Äh!«, machte Lilian.

»Welcher unglaublich phantastische Zauber soll das jetzt sein?«, fragte Gunnar. *»Ich verwandele mich in ein besonders hässliches Stofftier?«*

Lilians grüne Augen schauten mich an. Löste sich da gerade eine Träne und versickerte im Fell? Ich nahm Lilians Hand. Und guckte Gunnar sehr, sehr böse an.

Anni räusperte sich. »Ihr seht hier einen unglaublich tollen Notfallzauber«, sagte sie laut. »Stellt euch vor, ihr geht bei einer Wanderung im Gebirge verloren. Ihr verlauft euch. Die Nacht bricht herein. Ihr habt keine warme Kleidung oder gar einen Schlafsack dabei. Die letzten Vorräte sind gegessen. Die Trinkflasche ist leer.«

Sie musste Luft holen. Alle guckten sie gebannt an.

»Die Situation scheint ausweglos. Doch da fällt euch euer Notfallsäckchen ein. Schnell schluckt ihr das rote Gummibärchen. Das wohlig weiche Fell bedeckt euch augenblicklich von Kopf bis Fuß. Die unglaublich guten Ohren hören das Rauschen eines Baches in der Nähe. Die Katzenaugen finden das rettende Wasser auch im Dunkeln. Die zuckende Nase schnüffelt witternd durch die Luft. Da! Eindeutig Beeren. Brombeeren, um genau zu sein. Sie schmecken köstlich. Als Kälte, Durst und Hunger bekämpft sind, setzt leider Schneefall ein. Mitten im Sommer! Also schlagt ihr an einem geschützten Berghang die Krallen in die Erde und hebt eine kleine Höhle aus. In die kuschelt ihr euch und überlebt die Nacht im Hochgebirge.«

»Was für ein Glück!«, rief ich. Und Lilian nickte mit seinem haarigen Schädel, dass die Knubbelohren nur so schlackerten.

Die Kreismitglieder glotzten uns immer noch stumm an. Aber dann klatschte in der ersten Reihe ein glatzköpfiger Opi in die Hände und rief: »Bravo!«

Endlich regten sich alle auf ihren Bänken und klatschten und lachten und redeten wild durcheinander.

Wir drei Zauberlehrlinge mussten uns dringend setzen und nahmen auf der obersten Treppenstufe Platz.

»Du warst echt gut«, wisperte ich Anni links von mir zu.

»Danke, Anni«, wisperte Lilian rechts von mir.

Und dann ergriff Herr Bovist das Wort: »Liebe Mitglieder des Zauberblumenkreises. Ihr konntet gerade live erleben, was für großartige Zauberblumenzüchter diese Kinder sind! Sie haben nicht nur Zauberblumen angepflanzt. Nein! Es wurde eine neue und einzigartige Essenz hergestellt. Anschaulich haben sie uns anhand dieses wunderbaren Beispiels im Hochgebirge erklärt, warum wir Zauberblumen züchten und daraus Notfallessenzen herstellen. Um zu helfen in der Not. Uns selbst und vor allem auch unseren Mitmenschen. Ich hoffe, jeder von uns bekommt ein Notfallgummibärchen mit diesem hilfreichen Zauber.«

Wieder applaudierten alle.

»Ich fahre sowieso bald ins Hochgebirge«, rief der nette Glatzkopf.

In der letzten Reihe erhob sich Gunnar.

»Der schon wieder!«, raunte der pelzige Lilian und stöhnte.

Gunnar fragte: »Habt ihr überhaupt Essenzen für eure Notfallsäckchen hergestellt? Brauchbare Essenzen? Für außerhalb des Hochgebirges?«

Ich stand auf. Und legte mein grünes Säckchen auf die geöffnete Hand. Wunderhübsch leuchteten die bunt gestickten Blumen und Blätter auf dem glatten Leder.

»Wir haben die allerwichtigsten Zauberblumen herausgesucht. Um im Notfall anderen zu helfen. Oder uns selbst vor Schurken zu schützen«, begann ich meinen Vortrag. Jetzt holte ich den ersten Träger aus dem Beutel. Das Melonenkaugummi. »Wir fanden ja, dass sich Kaugummis als Träger prima eignen. Weil Kaugummi kauen eine ganz normale Sache ist. Außer in der Schule. Da ist es verboten.« Die Zuschauer nickten zustimmend mit den Köpfen.

Also holte ich Luft und hielt den nächsten Träger in die Höhe. Das rosa Bonbon. »Bonbons zu lutschen ist natürlich auch kein Problem. Das macht man ja öfters. Wenn man Halsweh hat. Oder ekligen Knoblauchgeschmack loswerden will.«

Die Zuschauer lachten fröhlich. Das machte mir Mut. Und brachte mich in Fahrt. »In diesem hübschen Bonbon steckt der Flugzauber. Denn Fliegen ist in der Not superwichtig. Außerdem haben wir die Blume mit dem Bä-

renstarkzauber angepflanzt. Und die mit dem Kletterzauber. Außerdem fanden wir den Zauber besonders wichtig, der einen so schnell macht wie einen Gepard!«

Ich hatte kein bisschen gelogen.

Wieder erhob sich Gunnar. »Papperlapapp!«, rief er zornig bebend. »Ihr könnt mir viel erzählen. Die Träger sind doch leer. Ihr habt gar keine Essenzen eingefüllt. Wir wollen Beweise!«

Die Menge vor uns wurde unruhig. Und es wurde getuschelt.

»Na? Was ist?«, rief Gunnar.

Der kleine Glatzkopf in der ersten Reihe erhob sich. »Ich stelle mich als Testperson zur Verfügung. Es ist mir eine Ehre!«

Er stellte sich vor mir auf. Und öffnete den Mund. Ich legte ihm das Melonenkaugummi auf die Zunge.

»Vorzüglich«, sagte der kleine Herr kauend. Jetzt trippelte er auf der Stelle. Wie ein Fußballer beim Aufwärmtraining. Und dann flitzte er im Höllentempo zwischen den Tischen und Bänken hindurch und verschwand nach höchstens drei Sekunden im Tannenwäldchen.

Die Kreismitglieder sprangen auf. Und klatschten und jubelten wie verrückt.

Schon kam der alte Mann als Blitz zurückgeflitzt. Er verbeugte sich vor den Zuschauern und sagte: »Wenn ein achtzigjähriger Opa wie ein ICE durch die Gegend zischt, dürften keine Fragen mehr offen sein!«

Schwupps, schon flitzte er wieder davon.

Und was soll ich sagen: Wieder erhob sich Gunnar. Sein Gesicht leuchtete so rot wie sein Haarschopf. »Da ist sehr wohl noch eine Frage offen«, rief er über die Köpfe hinweg. Sofort wurde es mucksmäuschenstill. »Im Gewächshaus stand die seltene Blume mit dem Unsichtbarkeitszauber. Von einem Tag auf den anderen war sie jedoch verschwunden. Was ist bloß geschehen? Habt ihr sie sterben lassen? Oder aus dem Zaubergarten geschafft?«

Manche Zuhörer zogen die Augenbrauen zusammen.

»Sehr geehrter Herr Gunnar«, sagte ich und sah aus dem Augenwinkel, wie Anni ins Hexenhaus flitzte. »Wir sind Kinder. Wir können schlecht eine Woche unsichtbar herumlaufen. Da würde ja die Polizei nach uns suchen. Ach was, die ganze Stadt. Deshalb haben wir keine Essenz aus der Unsichtbarkeitspflanze gebraut.«

Jetzt stand Anni wieder neben mir. »Tadaaa!«, machte sie und streckte den Blumentopf mit der prachtvoll leuch-

tenden Milla in die Höhe. Und das, obwohl sie doch schon fünf Tage alt war!

»Oooh!«, machte das Publikum.

»Prinzessin Milla!«, stellte ich meinen Schatz vor. »Und weil es die letzten Tage in diesem Garten nur so vor garstigen Schädlingen wimmelte, haben wir sie vorsichtshalber in Herrn Bovists Küche gestellt. Da trauen sich Schädlinge nicht so hin!«

Gunnar starrte mich mit offenem Mund an. Wie ein Fisch schnappte er nach Luft. Dann drehte er sich um und verschwand mit großen Schritten hinter dem Hexenhaus.

»Bravo!«, rief eine blond gelockte Frau am hinteren Tisch. »Diese Kinder denken wirklich mit!«

»Wir machen eine kurze Pause!«, rief Herr Bovist über die applaudierende Menschenschar hinweg. »Dann kommt der theoretische Teil!«

Ich ließ alle Luft aus mir raus. Und sackte auf die Treppenstufe. Anni und Lilian umarmten mich. Lilians Fell kitzelte meine Backe.

»Du warst spitze«, flüsterte Anni und drückte mich sehr, sehr fest.

Abschied

Die kurze Pause reichte gerade, um von dem leckeren Kuchen zu essen. Und Kräuterlimonade zu trinken. Und um aufs Klo zu flitzen.

Boooaaang!, machte da schon wieder der Gong. *Boooaaang!*

Alle gingen zurück auf ihren Platz.

»Es folgt nun der theoretische Teil der Kreisaufnahme«, verkündete Herr Bovist.

Anni raunte: »Mir wird schlecht. Ich kann mir diese komplizierten Regeln nicht wirklich merken!«

»Ich mache das«, antwortete Lilian und drückte kurz unsere Hände. »Ich habe abends im Zelt gelernt. Bei mir saß ja keine Leni!«

Der haarige Junge stand auf. Die leichte Sommerbrise

fuhr sacht durch die langen Fellflusen. Lilians Nase zuckte aufgeregt.

Und dann ging es auch schon los. Alle Kreismitglieder durften Fragen stellen.

Ehrlich gesagt kann ich mich an die einzelnen Fragen gar nicht mehr erinnern.

Es waren viele, viele Fragen. Und Lilian konnte *alle* beantworten. Anni und ich warfen nur ab und zu etwas ein. Um zu zeigen, dass wir auch was wussten. Ich glaube ja, dass die Zuhörer von Lilians seltsamem Anblick so abgelenkt waren, dass sie gar nicht richtig zuhörten. Sondern nur guckten. Und staunten. Über den haarigen Knubbelohrenyeti!

Und endlich war es geschafft.

»Der Kreisvorstand zieht sich nun zur Beratung zurück«, erklärte Herr Bovist und stand auf. »Wenn ein Kreismitglied Zweifel an der Aufnahme der Kinder Matilda Kannegießer, Annemarie Kummer und Lilian Knöterich hat, so äußere er sie jetzt!«

Allgemeines Kopfschütteln und freundliches Lächeln strömten uns entgegen.

Leise raunte ich Anni ins Ohr: »Wo steckt Gunnar? Der müsste sich doch genau *jetzt* zu Wort melden!« Aber wir konnten den Rotfuchs nicht entdecken. Und er machte keinen Pieps.

Herr Bovist, Emilia, der Glatzkopf und eine rot gelockte Frau gingen ins Haus und schlossen die grüne Tür hinter sich.

Anni, Lilian und ich stopften Unmengen an Kuchen und Keksen in uns rein. Und spülten alles mit der leckeren Kräuterlimonade runter.

»Wie lange dauert die Besprechung des Vorstands?«, fragte Lilian seine Mama Viola. Die wischte andauernd die Krümel aus seiner Gesichtsbehaarung.

Noch bevor Viola antworten konnte, öffnete sich die grüne Tür.

Die Vorstandsmitglieder stellten sich auf die Treppe. Wir Prüflinge hielten uns an den Händen. Und weil ich in der Mitte saß, bohrten sich von beiden Seiten spitze Krallen in meine Haut.

Herr Bovist räusperte sich und sagte mit feierlicher Stimme: »Liebe Freunde des Kreises. Lasst uns gemeinsam die neuen Mitglieder willkommen heißen!«

Alle sprangen auf. Und jubelten. Und klatschten. Und umarmten und küssten uns.

Boooaaang!, machte der Gong.

Jetzt strömten die Kreismitglieder auf das Stück freie Wiese neben den Tischen und Bänken. Uns Kinder zogen sie einfach mit sich mit. Bis ein Menschenkreis zusammenstand und sich an den Händen hielt.

Und plötzlich begannen alle gleichzeitig zu sprechen:

»Pflanzen, Blumen, Zauberei,
alle sind im Kreis dabei.
Leben heimlich, still und leise
auf ganz besonders gute Weise.
Schwören Einigkeit und Treue,
auf dass keiner es bereue.«

Wieder kroch eine dicke, fette Gänsehaut von meinen Fußspitzen bis zur Kopfhaut. So schön war das!

»Zwick mich mal«, raunte ich Anni ins Ohr.

»Willst du das wirklich?«, fragte Anni leise zurück und hielt mir ihre bunten Krallen unter die Nase. Und weil Lilians Krallen kein bisschen kürzer waren, zwickte ich mich einfach selbst.

Und dann feierten wir auf der Wiese vor dem Hexenhaus ein wunderschönes Fest. Erik spielte auf seiner Gitarre, und Viola sang dazu mit ihrer glockenhellen Stimme. Herr Bovist tanzte mit Emilia ein flottes Tänzchen. Und alle aßen und tranken und lachten und erzählten spannende Geschichten von Zauberblumenabenteuern. So, so schön war das.

Bis irgendwann Viola vor uns stand. »Lilian, wir müssen langsam los«, sagte sie.

»Was?«, rief ich entsetzt. »Du fährst heute schon nach Hause?«

Der haarige Lilian nickte.

Eine riesengroße Traurigkeit packte mich.

»So wie du aussiehst, musst du die nächste Woche im Verborgenen hausen«, sagte Viola mit gerunzelter Stirn. »Das wird ganz schön langweilig für dich.«

Lilian stöhnte.

Anni sagte: »Lilian kann übrigens wunderbar schwimmen. Er hat fleißig geübt.«

»Wirklich?«, rief Viola. »Wie großartig! Deine Schwimmkünste musst du mir vorführen! Wenn du wieder normal aussiehst, versteht sich.«

»Ich kann schwimmen«, sagte Lilian und schaute seine Mama ernst an. »Und ich kann Zauberblumen züchten. Ich bin ein echter Knöterich!«

Viola küsste seinen haarigen Schädel. »Du bist großartig, mein Sohn!«, sagte sie. »Und ich bin sehr stolz auf dich. Du bist wirklich ein toller Züchter. Es tut mir leid, dass ich dich so wenig habe üben lassen. Ich verspreche dir hoch und heilig, dass ich dich von nun an in unsere Zauberblumenweisheiten einweihen und mit dir zusammen züchten werde!«

Lilian strahlte über das ganze flauschige Gesicht.

Und dann mussten wir wirklich endgültig von unserem neuen Freund Abschied nehmen. Ganz, ganz fest umarmten wir uns. Die Traurigkeit lauerte mit dicken Tränen hinter meinen geschlossenen Augen. Ich schniefte.

»Wir treffen uns bald wieder«, flüsterte mir Lilian ins Ohr, und seine Haare kitzelten auf meiner Haut. »Ich komme in den Zaubergarten, sooft es geht!«

Ich nickte in sein Fell hinein. Sagen konnte ich nichts.

Lilian legte sich auf die Rückbank von Violas Auto.

»Bleib ja unten«, sagte Viola. »Wenn dich jemand sieht, werden wir von der Polizei gestoppt.«

Susi quiekte, als ich ihr einen Abschiedskuss auf die Schweinestirn drückte.

Und dann rannten Anni, Rupert und ich neben dem Auto her und winkten und bellten wie verrückt. Bis das schwarze Tor sich hinter ihnen schloss.

Sehr, sehr traurig trotteten Anni, Rupert und ich zurück zum Hexenhäuschen.

Da war noch immer mächtig viel los. Weil sich noch nicht alle Kreismitglieder verabschiedet hatten.

»Lass uns verschwinden«, raunte ich Anni zu. Die nickte.

Wir schoben uns bis zu Herrn Bovist durch. Ich zupfte an seinem Blumenpulli.

»Du, Herr Bovist, Anni und ich gehen jetzt«, sagte ich. »Wir sind echt müde.«

»Natürlich, natürlich«, antwortete Herr Bovist. »Ihr hattet einen anstrengenden Tag.«

Er nahm Anni und mich in den Arm. Und sagte leise: »Ich bin sehr stolz auf euch. Und glücklich bin ich obendrein. Ich freue mich auf jeden weiteren Tag mit euch beiden.«

Da wuselten wieder die hunderttausend Ameisen durch meinen Körper. Vor lauter Glück.

Leider musste an diesem Abend das Schuppencamp aufgelöst werden. Weil Anni Papa-Wochenende hatte und am Samstag ganz früh von ihrem Vater abgeholt werden sollte.

»So richtig genießen konnten Anni und ich das Schuppencamp überhaupt nicht«, sagte ich an diesem Abend zu Mama. »Weil Leni dauernd da war!«

Mama streichelte mir über den Kopf. »Ach, Tilda-Schatz«, sagte sie. »Es läuft nicht immer wie geplant. Und ich fand es so toll von Anni und dir, dass ihr euch um Leni gekümmert habt. Ich bin wirklich stolz!«

Da war sie heute schon die Zweite.

»Wo ist Leni überhaupt?«, fragte ich Mama und gähnte erschöpft.

»Bei Amanda steigt heute eine Geburtstags-Poolparty«, antwortete Mama und guckte auf die Uhr. »Da muss ich sie später auch abholen!«

Sehr, sehr zufrieden schrieb ich an diesem Abend in mein Tagebuch:

Freitag, 11. Juli

Anni, Lilian und ich sind seit heute Kreismitglieder (Lilian ein sehr haariges!). Und überhaupt ist Lilian unser Freund. Ich hoffe, wir sehen uns bald wieder.

Leni und Tim sind neu verliebt. Zum Glück. Dank der Liebesperlen.

Da fällt mir ein: Es gibt noch Schokoherzen!

Am nächsten Morgen stieß ich im Bad auf Leni.

»Und?«, fragte ich meine Schwester.

»Was *und?*«, fragte sie zurück und stocherte mit einem Stäbchen in ihrer Zahnspange herum.

»Bist du wieder doll verliebt?«, fragte ich.

»Also wirklich«, sagte Leni. »Für Liebesangelegenheiten bist du echt noch zu klein.«

Doof fand ich das von ihr. Wo ich doch Liebesperlenzüchterin war. Aber das konnte sie natürlich nicht wissen.

»Ich bekomme übrigens noch zehn Melonenkaugummis. Und Anni auch«, sagte ich, bevor ich alle Stufen nach unten in die Küche hopste.

Nach dem Frühstück setzte ich meinen Rucksack auf.

»Ich gehe zum Schuppen«, erklärte ich meinen Eltern. »Den Saustall aufräumen.«

Sie hörten mir aber kein bisschen zu. Weil sie sich gerade zankten.

»Ich mache *immer* Großeinkauf«, fauchte Mama. »Jetzt bist du mal wieder dran.«

»Dafür sauge ich fast *immer*«, nörgelte Papa zurück.

Also schenkte ich jedem von ihnen ein Schokoherz. Auch Eltern brauchen ab und zu einen kleinen Liebesschubs.

Dann flitzte ich los. Natürlich wollte ich überhaupt nicht aufräumen. Nein, ich wollte zu Herrn Bovist.

Und dazu streckte ich einfach die Arme aus und flatterte über die Mauer und die mächtigen Bäume hinweg. Als dann die Gewächshauslichtung unter mir auftauchte, geriet ich ins Taumeln. Denn auf der kleinen Lichtung stand Gunnar. Mit Kalli auf dem Arm. Direkt neben dem riesigen Kasten aus Holz und Maschendrahtzaun.

»Was machst du mit Kalli?«, schrie ich, so laut ich konnte, und setzte direkt neben den beiden zur Landung an. Gunnar und der Riesenhase zuckten zusammen.

»Du schon wieder«, sagte der Rotfuchs und setzte Kalli hinter den Maschendraht.

Und da kapierte ich endlich!

»Du hast einen Stall gebaut! Mit Auslauf! Für Kalli!«, sagte ich erstaunt.

»So sieht's aus!«, antwortete Gunnar. »Das Häuschen ist mit dem Außengehege verbunden. Alles steht auf Rollen. So kann man das gesamte Hasenheim über die Wiese bewegen, und der Riesenhase hat immer neues Grünzeug zum Fressen.«

Er legte eine Abdeckung über das Außengehege. »Wegen der Raubvögel und der Füchse«, erklärte er. »Wobei ich nicht glaube, dass sich jemand an dieses riesige Monstrum heranwagt!«

Ich konnte es nicht fassen. »So einen tollen Hasenpalast hat die Welt noch nicht gesehen!«, rief ich begeistert. »Ist das deine Entschuldigung?«

»Für was sollte ich mich bitte entschuldigen?«, fragte Gunnar und schaute finster.

»Du hast die Schwimmblume geklaut«, stellte ich fest.

Gunnar starrte mich an. »Du freches Gör, du«, sagte er.

»Euer Schwein hat die Schwimmblume gefressen. Und ist wie eine Schweinsblase auf dem Tümpel herumgetrieben! Ich habe es aus dem Wasser gefischt und ins Gewächshaus gesperrt. Damit es keinen Blödsinn anstellen kann. Dieses Vieh ist ja außer Kontrolle!«

Ich staunte nicht schlecht. »Und die toten Blumen im Gewächshaus?«, fragte ich gleich mal weiter.

»Damit habe ich nichts zu tun!«, fauchte Gunnar. »Ihr habt einfach nicht aufgepasst.« Dann drehte sich der Rotfuchs um und verschwand im Gewächshaus.

»Das glaube ich dir nicht, Rotfuchs«, raunte ich leise. »Du bist nicht so harmlos, wie du tust. Unsere Essenz-Attrappen hast du schließlich auch in den Abfluss gekippt. Ich behalte dich im Auge!«

Aber nicht jetzt. Schließlich wollte ich zu Herrn Bovist.

Ich fand ihn und Rupert auf der Treppenstufe vor der grünen Tür. Beide hielten ihre Nasen in die warme Sommersonne.

»Gunnar hat einen Hasenpalast gebaut«, rief ich ihnen freudig entgegen. »Für Kalli.«

Herr Bovist öffnete lächelnd die Augen. »Da schau her!«, sagte er nur.

Ich setzte mich neben ihn und kraulte Ruperts Kinn. Der große Hund schloss die Augen. »Dabei ist Gunnar uns die letzten Tage mächtig auf die Nerven gegangen. Das kann ich dir sagen!«

Herr Bovist lächelte. »Ihr Kinder habt euch wirklich gut geschlagen. Trotz Gunnars Anwesenheit. Er hat es nicht geschafft, euch zu stoppen! Obwohl er sich solche Mühe gegeben hat.«

Erstaunt guckte ich den alten Mann an. »Du hast Gunnars fiese Attacken mitbekommen?«, fragte ich.

»Selbstverständlich«, antwortete Herr Bovist und schaute mich an. »Mir war klar, dass Gunnar versuchen wird, euch Steine in den Weg zu legen. *Er* war die schwierigste Prüfung für euch!«

Ich nickte und bemerkte: »Wir waren ein richtig gutes Team.«

»Das stimmt, das stimmt«, sagte Herr Bovist. »Ihr habt wunderbar zusammengehalten. Vor allem, als Lilian sich in ein haariges Wesen verwandelte.«

Ich starrte meinen Freund an. »Du hast gemerkt, dass er in echt gar kein haariges Wesen werden wollte?«, fragte ich.

Herr Bovist lachte. »Lilians Wunsch war bestimmt, seine Susi zu verstehen, nicht wahr?«, fragte er zurück.

Ich nickte.

»Es ist noch *keinem* Zauberblumenzüchter gelungen, einen Tierverstehzauber zu züchten«, sagte Herr Bovist. »Zudem hattet ihr keinen Wünschelpilz. Da ist eine Neuzüchtung überhaupt nicht möglich!«

»Was für ein Ding?«, musste ich fragen.

Herr Bovist erklärte langsam. »Wenn du aus verschiedenen Essenzen eine Neuzüchtung hervorbringen möchtest, brauchst du einen Kittstoff. Zum Beispiel den Wünschelpilz. Mein Urgroßvater hat die Wirkung des seltenen Bovists vor langer Zeit entdeckt. Seitdem wächst er hier im Zaubergarten. An einem geheimen und gut versteckten Ort.«

Ich grinste. »Wächst der Wünschelpilz etwa hinter einer Holztür am anderen Ende des Zaubergartens?«, fragte ich.

Herr Bovist zuckte zusammen. »Woher weißt du das?«, fragte er zurück.

»Susi hat die Tür entdeckt«, erklärte ich.

»Das Schwein hat einen guten Riecher«, sagte Herr Bovist.

»Ja«, überlegte ich. »Susi mag wohl den Geruch von Wolfsfürzen!«

Und da musste Herr Bovist richtig doll lachen. Bis kleine Lachtränen über seine Wangen kullerten. Und ich lachte mit.

»Zeigst du uns die Wünschelpilze?«, fragte ich, als wir uns wieder beruhigt hatten.

»Aber sicher!«, sagte Herr Bovist. »Ihr seid geprüfte Mitglieder des Kreises. Von nun an darf ich euch in sämtliche Geheimnisse rund um die Zauberblumenzucht einweihen.«

Mir wurde wohlig warm im Bauch.

»Kommt Lilian dann weiter zu uns in den Zaubergarten?«, fragte ich. »Um in alles eingeweiht zu werden?«

»Sicher, sicher«, sagte Herr Bovist. »Wobei Lilian natürlich genauso gut bei seiner Oma Emilia lernen kann.«

»Bist du in Emilia verliebt?«, musste ich noch fragen.

»Schon immer!«, antwortete Herr Bovist.

»Und Emilia liebt dich auch?«, fragte ich weiter.

»Eigentlich schon«, antwortete Herr Bovist und seufzte. »Die Angelegenheit ist etwas kompliziert.«

So kompliziert war die Sache überhaupt nicht. Aber das konnte ich Herrn Bovist nicht mehr sagen. Weil in diesem Moment ein kleines rotes Auto die Einfahrt entlanggeschossen kam.

»Emilia!«, rief Herr Bovist und stand auf.

Leider saß der haarige Lilian nicht mit im Auto. Aber gut.

Schnell öffnete ich meinen Rucksack. Und zog die herzförmige Pralinenschachtel hervor.

»Ich habe ein kleines Geschenk für euch«, sagte ich zu den beiden alten Leuten. »Lecker Schokoherzen.«

»Danke schön, danke schön!«, sagte Herr Bovist freudig und verschlang sofort sein Herz.

»Lecker!«, sagte Emilia kauend. »Danke!

»Auf euch beide!«, rief ich und hopste fröhlich mit Rupert über die Wiese davon.

Am Tannenwäldchen drehte ich mich noch einmal um. Herr Bovist und Emilia lächelten sich an. Und guckten dabei sehr, sehr verliebt.

Ich tastete nach dem grünen Ledersäckchen in meiner Hosentasche. Leise klackten die Zauber-Gutzis aneinander.

»Ich wette ja«, sagte ich zu Rupert, »dass schon hinter der nächsten Ecke ein neues Abenteuer auf uns wartet! Was denkst du?«

Wouuu!, machte Rupert.

Anni, Lilian und ich sind jedenfalls bereit für ein neues Abenteuer. Und wenn eins eintrudelt, seid ihr natürlich die Ersten, denen ich es erzähle. *Versprochen!*

Alle Bücher von Nelly Möhle

Habe ich		Wünsche ich mir
✓	›Der Zaubergarten – Geheimnisse sind blau‹ (Band 1)	✓
✓	›Der Zaubergarten – Abenteuer können fliegen‹ (Band 2)	✓
✓	›Der Zaubergarten – Überraschungen haben Fell‹ (Band 3)	✓
✓	›Der Zaubergarten – Freundschaft macht lustig‹ (Band 4)	✓
	›Der Zaubergarten – Wunder blühen bunt‹ (Band 5 – erscheint voraussichtlich im Herbst 2021)	
	›Der Zaubergarten – Ferien bringen Glück‹ (Band 6 – erscheint voraussichtlich im Frühjahr 2022)	

Deine Wunschliste bitte hier ausschneiden.